ヴァイオリニストは音になる

千住真理子
Senju Mariko

時事通信社

はじめに

デビュー四十周年（二〇一五年）は、どのような曲を演奏して回ろうか、ずっと悩んだ。どの作曲家のどの作品に向き合おうか、クラシックファンの方々のご要望も考えながら、さまざまなアイデアが次第にひとつにまとまっていった。「千住真理子の四十年のステージを深く刻んだ曲」というテーマに絞ったからだ。

ステージでの四十年、数多くの曲を弾いてきた。無伴奏、ソナタ、コンチェルト、トリオ、カルテット、クインテット……。どの曲も、どのプログラムも、いつのコンサートでも、私はステージの上で大きな経験を積むことができてありがたく思ってきた。

どの共演者も私にさまざまな教えやヒントを与えてくれて、私はそのたびにいろんなことを学んだ。失敗したステージも、感動してしまったステージも、次の演奏会の大切な糧となった。うまく弾けなくて悔し泣きしたあの日々は、いま私にとって大切な宝物である。

さて、この四十周年の次は五十周年であり（もちろん四十五周年というのもあるが）その五十周年ともなれば、なんだかずっと先のことのようにさえ思えてきて、予想できない。だからこそ、デビュー四十周年はとても重要な気がしたのだ。

「ひたすらに生きたい」これが今年の私の想いだ。

さて、プログラムを考えたとき、ヴァイオリニスト千住真理子をつくり上げてきた四十年間に、中心の骨組みとなったのが〃無伴奏シリーズ〃であり、バッハとイザイ、双璧をなすこの二人の作曲家の無伴奏曲集はかなり重要である。私にとって、ということだ。私が生きている証だ。千住真理子というヴァイオリニストが生きている理由だ。

さらに、〃コンチェルト〃である。

私が幼き頃の母の夢が、「娘はコンチェルト弾き！」ということだったようだ。特にそう言っていた場面はないが、独り言のようにそうつぶやいていた母の姿が目に焼き付いている。幼い私は「そうか、じゃあ私はコンチェルト弾きになろう」と小さな胸に決心した日をおぼろげに思い出す。

だから今年、コンチェルトを弾きまくるコンサートになっているわけだ。

静岡でメンデルスゾーンを皮切りに、愛知でモーツァルト、横浜みなとみらいでは「コンチェルトリサイタル」として六曲のコンチェルトを三回に分けて、〈ブルッフ、チャイコフスキー〉〈ベートーヴェン、シベリウス〉〈モーツァルトのコンツェルタンテ、ブラームスのダブルコンチェルト〉を弾く。

さらに東京でもラロとメンデルスゾーンの「コンチェルトリサイタル」、大阪でもチャイコフスキーとシベリウスの「コンチェルトリサイタル」、札幌でメンデルスゾーンとツィゴイネルワイゼン……等々、兄千住明のコンサートでも兄のヴァイオリンコンチェルトを弾き、普通のオーケストラコンサートでもコンチェルトで出演など……。

母の夢がくっきりとかなったことを、今年母に聴かせたかった……。


コンチェルトと無伴奏。

ある意味でこの両極端なる場面を展開しながら、その合間では、名曲小品を散りばめたリサイタルを、ところによりソナタを取り入れながら各地で演奏して回る。これが、千住真理子のデビュー四十周年である。

「幸せだなぁ～」

私はヴァイオリンを弾いているときが一番幸せなんだ。（なんかの台詞に似てるみたい⁉）

千住真理子

ヴァイオリニストは音になる——目　次

Ⅰ　音に命あり　9

Ⅱ　カルチャー・ウオッチ！　25

目　次

目次

装画——千住　博
「フラットウォーター#3　1993」*
装幀——熊谷博人

*真っ赤な溶岩が海に流れ込む。このハワイ島のキラウエア火山の裾野に広がる荒涼とした溶岩台地「フラットウォーター」をモノトーンに近いブルーグレイで描いている。

I

音に命あり

「日本のうた」を弾く

「浜辺の歌を弾きます」

そう言うと、「わあ〜」という歓声、その一方で声をあげて泣く人もいた。二〇一一年、被災間もない東北の地を訪れたときである。海辺の町に長年住み続けていた人々が移り住む仮設住宅は、まだ人のぬくもりが染み込んでいない。そこに寄り添うように集まってくださった老若男女の方々。その場所でヴァイオリンを弾くことが、果たしてどれくらい望まれていることか、悩みながらのボランティアだった。

『浜辺の歌』を弾き終わって人々の顔に哀しさがにじんでいたときにも、弾いたことが良かったのかどうか分からなくなった。まだ被災して数カ月、思い出すとおそらく「懐かしい」より「辛《つら》い」思いが込み上げてくる現状を、目の当たりに想起させてしまったことの罪深さを反省せざるを得なかったのだ。

私が『赤とんぼ』や『荒城の月』などの「日本のうた」を弾こうと思ったのは、震災後である。それまで「日本のうた」は、クラシック演奏家の弾くジャンルではないと思っていた。むしろ、西洋音楽を探求する中で、日本人であることの、いささかコンプレックスさえ感じつつ、西洋音楽を奏でる自分から無意識に、日本の匂いを排除しようとしていたのかもしれない。

それが三・一一震災以降、私の考えは一八〇度変わった。失って初めて気がつく「想い」がある。美しい日本が大きく傷ついたそのとき、私は自分の中にある日本への想いの深さに初めて気がついた。そして、日本の美を何が何でも守らなければならないという気持ちが湧き起こった。日本人であることが誇らしくさえ思え、そんなときふと心に浮かんだのが「日本のうた」であった。情緒豊かな「日本のうた」を、クラシック演奏家として今から弾き続けていきたい、という熱い想いが込み上げてきたのだ。

早速、作曲家の兄である千住明に相談した。兄明もまた同じ想いであった。

兄は「僕だけでなく、僕が尊敬する同業者にも声をかけよう」と、何人かの日本を代表する作曲家の方々に声をかけ、そして賛同してくださった。小六《ころく》禮次郎氏、渡辺俊幸氏、服部隆之氏、朝川朋之氏、山下康介氏が加わり、《故郷》《もみじ》《この道》など「クラシック版日本のうた」十二曲が完成した。それは単なる編曲にとどまらず、各々のアーティストが魂込めて創作する「作品」として生まれ変わっていた。どの曲も昔ながらのメロディーがより現代風に厚みを増し、味わい深い名曲へと装いを新たにしていた。

「日本のうた」に内在する風景や色彩、空気の匂いは、いつも「そこに」ある。「音」が奏でられれば永遠にそこに姿を現す。歌詞が染み込んでいるそのメロディーが「音」になった瞬間、命が宿る。それは決して何ものにも奪われることのない永遠の「命」なのである。

その「命」に、多くの人の想いが幾重にも重なり、私も想いを重ねて演奏する。

「日本のうた」を口ずさんだとき、日本人ならきっと誰しも「この日本を守りたい」と強く願い、祈るのではないか。

この夏にも被災地にボランティア演奏に行こうと思う。まだ何も解決してはいない暮らしの中、どのようなメロディーが安らぎを与えるのか、私はまだ悩んでいる。

堕ちるだけ堕ちてごらん

挫折の記憶は今も消えない。しかし大事な私の体験でもある。二十歳のとき、ちょうど五月ごろのだるい季節だった。

順風満帆《まんぱん》といわれた私の少女時代は十二歳のプロデビューから始まった。ヴァイオリンが好きだった私は幼少時こそ天真爛漫《てんしんらんまん》に弾いていたが、天才少女と呼ばれるようになってから雲行きは変わった。

十代から新聞や雑誌、テレビやラジオで天才少女と騒がれると、師・江藤俊哉氏に厳しく叱咤《しった》されるようになった。

「あなたは天才少女なの？　天才らしい演奏をしなさいよ。人々の期待はどんどん膨らむ。下手になったらボクが言われる」

先生のお顔に泥を塗るようなことがあってはいけない。

子どもながらにひしと責任を感じ、日々十時間を超える練習量になった。次第に身体は疲労困憊《ひろうこんぱい》、心も追い詰められ、誹謗中傷《ひぼうちゅうしょう》に傷つき、思わぬ事件に巻き込まれ、ついには濁流にのみ込まれる勢いで私は堕《お》ちていった。

「ヴァイオリンは生涯やめる」

母に胸のうちを語ったとき、母は共に泣いてくれた。

「あなたにつらい思いをさせるためにヴァイオリンをさせたんじゃない」

しかしヴァイオリンをやめた途端、私の人生はさらにつらくなっていった。

濁流の下にまだ深い谷があったのだ。いったい私はどこまで堕ちていくんだろう？

思えば二歳から始めた大好きなヴァイオリン、嫌いになってやめたわけではないから、音楽が体から抜けることがない。四六時中ヴァイオリン中心に夢中に過ごしてきた私から音楽を取り除くことは、身を剥ぐような耐え難い痛みだった。そんな私を救ってくれたのは一本の電話だった。

「ホスピスの患者さんの最後の夢をかなえる団体」と名乗ったその電話で、千住真理子に会いたいという患者さんがいることを伝えられた。

私は弾かなくなった楽器を手にホスピスへ向かった。

だが数カ月も弾いていないので弾けない。散々な演奏にもその方は「ありがとう」と、痩せ細った手を私に伸ばしてきた。握手しながらその方の目を見ると透き通った瞳がにじんだ。

「ありがとう」という言葉が胸に突き刺さった。

後悔の念が深まる。と同時にその言葉が私の心を救った。

こんな私でも！　あなたの大切な最後の時間を、私のどうしようもない音が汚してしまったのに。私は心の底で詫びながら、家に帰るとがむしゃらにヴァイオリンを弾いた。

一週間後、その方は亡くなった。取り返しのつかない後悔が私をボランティア活動に駆り立てた。

思えばあれが私の新たな第一歩だったのだ。

その後、細々と続けた施設慰問の場で、私は人のぬくもりに触れた。見知らぬ方々の優しさに心の傷は癒された。そこに満ちるのは音でつながる心の交流、これこそが私の目指す音楽だった。私の心は震えた。

「神様ありがとう」と、心で叫んだ。

〈一人でもいい、こんな私の音を聴きたいと言ってくれる人のために弾きたい〉

二年後、プロ活動を再開した。

今、私は聴いてくださる方が待っている場所へ、楽器を持っていそいそと向かう。二十歳の自分へ、「堕ちるだけ堕ちてごらん。次は上り坂だ」と言ってあげたい。

生ぬるい風が時折頬をかすめるこの季節、私はあの時の自分に、ふと出会う。

演奏の力と生卵

一日パワフルに練習ができるし、演奏会も疲れを感じないのは、毎朝のむ生卵三個のおかげだ。生卵は、かき混ぜず、何も入れず、丸のみだ。そうすれば時間もかからず、たやすく幾つでも飲むことができる。

一日六個まで飲んでみたことがあるが、さすがに気持ち悪くなった。しかしよりよい演奏活動を続けるためなら何事もいとわない。

プロの演奏家は体を壊せない、とつくづく感じたのは、ここ数年のことだ。それまでは、あまり身体を心配したことがなかった。若い頃はいくらでも無理が利いたからかなりのハードスケジュールでも何ともなかった。一晩ぐっすり寝れば、翌朝にはすっかり元気回復だった。まだまだ若いつもりだが、ある程度の年齢を越すと、さすがに無理が利かなくなってくる。

数年前、風邪を引いた。大抵は一般的な風邪薬で治るが、その時はなかなか治らず、弱る身体にムチ打ってドリンク剤を飲みながら演奏会を行った。本番の日は風邪薬が飲めない。薬を飲むと私の場合、運動神経が低下し、頭がボーッとするし、指の動きも鈍くなる。なので演奏が終わってから夜だけ薬を飲み、咳を我慢しながら演奏会を続けていたら、こじらせてしまい、急性咳ぜんそくになってしまった。息をするのも苦しい状態だったが連日演奏会のためどうにもならず、本番当日の朝、病院で緊急点滴をうって演奏会を続けたが、さすがに死にそうだった。

何とか栄養をとって早く回復させないといけない……。焦る私が思い付いたのが、生卵だったのだ。

映画『ロッキー』の一場面、主人公のロッキーがコップに入れた五、六個の生卵を勢いよくゴクリゴクリと飲んでトレーニングへ向かう、あのシーンが頭をよぎり、すがるように生卵を飲んだのだ。最初飲むときはおっかなかった。喉の器官にからまないか不安になった私は、母を呼んだ。

「今から生卵を飲んでみるから、そこで見ていて」

そう言うと母はあからさまに嫌な顔をして「およしなさい！」と阻止しようとしたが、かまわず飲んでみたら簡単につるりと飲めた。よしよし、というわけで二個、三個と増えた。

生卵はその後の私の体力をみるみる回復させ、今や演奏に欠かせぬ必需食となっている。

夏バテには、生卵だ。コップに二、三個割り入れかき混ぜず、調味料も入れず丸のみだ。その日一日力尽きないし、食欲がなくてもつるりと飲み込んでしまえばよい。かなりバテているときには一日六つ飲んだことがあったが、さすがにお腹を壊した。

以前、得意げにそんな話をコラムに書いたら、読者の方から「いくらなんでも無茶苦茶です。体に悪いから今すぐによしなさい」と注意されたので、素直に数を減らした。


いつぞや、琴欧洲関と話をする機会があり、生卵を飲むかどうか聞いてみた。関取は「白身だけを十個分ほど、稽古のあと筋肉のために飲む」と教えてくれた。その日から私は、練習がハードな日の夜には、卵の白身だけをコップに入れて飲むことにした。おいしそうには見えないが、筋肉の激痛が薄らいだようだ。

卵のとりすぎは健康によくない、と医者に注意されている。だから最近ではたまに「休卵日」を作っている。（これを読んでくださった方は、どうかまねをしないでくださいませ。）

私も時々、血液検査で調べてもらうが、いまだ正常範囲内なので、「生卵飲み」は続けている。

演奏会で地方に行くときは現地で調達する。地元自慢のさまざまなおいしい卵に巡り合える機会にもなる。こんなにもそれぞれの卵に味の違いがあるのかと驚く。

日本には昔から、新鮮な生卵をご飯にかけて食べる素晴らしい風習があって、あれは実においしい。私だって、朝、時間があるときには、ホカホカの白米に新鮮な生卵を混ぜ入れておしょうゆをたらし、お新香と一緒においしくいただくことも、あるのだ。

命の宿ったヴァイオリン

演奏家にとって、楽器は単なる「仕事道具」にとどまらず精神的よりどころであり分身でもある。この心も心臓も魂も、もはや肉体にあらずヴァイオリンに移行しているような気持ちで、ヴァイオリンを慈しむのだ。

だからこそ命の宿った音が出るのではないか。

そのヴァイオリンが〝密輸〟の疑いをかけられてフランクフルトの空港の税関で押収される、というニュースが流れたのは八月のことだった。ヴァイオリンは名器「ガルネリ・デル・ジェス」、持ち主はベルギー在住の邦人ヴァイオリニストだった。

楽器と奏者は一心同体、ヴァイオリニストがヴァイオリンを持って税関を通らねばならないのは必然である。すぐに返還されるべき名器は、結局一カ月以上も押収されたままだった。（その後、返還されたが。）

その間、本人の不安と怒りはいかばかりであったか。私たちヴァイオリン奏者を震撼《しんかん》させたこのトラブル、文化的理解の薄い国ならいざ知らず、西洋音楽の中心にあるフランクフルトで起きたのだ。何ということか。

驚くべきことにEU圏内の空港ではこのところ同じような「ヴァイオリニスト名器押収トラブル」が多発している。某ヴァイオリニストは昔、ある海外の税関で「ストラディヴァリウスを押収する」と言われ、口論の結果、愛器とともにその場に寝泊まりしたという。

最近では、多額の税を払わないと返さないと言われたヴァイオリニストが、泣く泣く名器を手放したという話も聞く。

怖いのは、「調べる」と言って楽器を奥の部屋に持って行き、しばらくしてまったく別の楽器にすり替えられて返ってきたという、ゾッとするような話だ。取り返しようがない。そもそも楽器に固有のナンバーでもついていて、持ち主と照合できればよいのだが、そんなものはない。小さな穴から楽器の内部をのぞいて、書かれている製作者の名前と製作年を見るしかないのだ。

私自身も海外の税関では、楽器をとことん調べられたことがある。ストラディヴァリウスだと分かると、なおさら大変である。こちらも粘り強くさまざまな資料を見せ、笑ったり怒ったりしながら心臓はバクバク、そのたびにグッタリ疲れ果てる。海外の税関を通るたび異常に緊張する。

「引き下がらない、言い負かされない、楽器を手放さない」

このことを自分に言い聞かせ、われながら恐ろしい形相で税関の列に並ぶ。


「ヴァイオリン所有証明書を持て」と言うが、正式にそんなものがあるわけではなく、購入時に楽器売買人にそのようなことを書いてもらうしかない。全世界共通のものはないのだ。しかも一緒に写っている写真や、誰かに書いてもらった何かが信用されるとはかぎらない。

ヴァイオリンに魂を注ぎ込んで演奏するわれわれとしては、一時的であっても押収されること自体、魂を奪われるほどの苦痛である。

だがＥＵ圏内の空港では名器はあくまで骨董品《こっとう》だという判断で、密輸の疑いが晴れたとしても

「売るかもしれない」という見地から免税にはなりにくい事態になってきた。唯一の仕事道具を密輸だの骨董品だのと言われ、演奏旅行のたびにトラブルに見舞われたら、プロのまっとうな演奏活動は妨害される。

このような殺伐とした動きが芸術を蝕もうとしているのはとても残念だ。

愛器を弾くたび思う…

十年前の夏、私自身は夢のようなストラディヴァリウスと運命的な出会いをした。ちょうどその秋、日本は喜びに沸いた。緊張した表情で飛行機のタラップからゆっくり降りる人たち、それは何十年も北朝鮮に拉致されていた方々だった。

この拉致被害者が助け出された感動的な映像が、名器が来たという驚きと重なって、私の記憶に深く刻まれた。

タラップから降りる様子を各テレビ局は生中継で映し出した。一人ひとりの表情に、不安、緊張、喜び、悲しみ、さまざまな感情が克明に見てとれた。しばし呆然とタラップの上に立ち止まり、日本の地を見つめるそのはるかな表情に私は涙が込み上げた。

足元に視線を移し、自らの足で一歩ずつ日本の地に向かう姿に誰もが熱く心を震わせたに違いない。この時ほど、日本政府が頼もしく感じたことはない。突破口が開けた、そう感じ、私たちは次なる北朝鮮からの「帰国者」を待った。きっと次々に帰ってこられる。「次は自分の番か……」と、はやる心を抑えて順番を待つ人々を想像した。

しかし、年月は冷酷に過ぎた。

その間、ストラディヴァリウスの音は年々変化を遂げた。「製作されてから三百年間も人目から隠されるように眠っていた楽器」は、解凍されるように生気を帯びてきたというのに、拉致問題に進展はない。

時折流される「被害者ご家族、悲痛な訴え」のニュース映像。政権が代わるたび、私たちは「この人こそ、きっと助け出してくれる」と信じ、委ね、そして失望する。

「忘れないで！」と懸命に訴える横田夫妻の姿がテレビに映し出され、自分の無力感をも感じる。

当時中学生だったあどけない少女・横田めぐみさんが拉致されてからこの十一月十五日で三十五年だ。長すぎる年月で、髪が白くなった被害者のご家族、普通なら穏やかな老後を、と周りの人にいたわってもらって当然の年齢、冷たい雨にさらされながらも気丈に街頭に立ち、ひたすら署名を募る。

十年前に帰国された蓮池薫さんの『拉致と決断』(新潮社)を読んだ。つらい記憶を想起し必死な願いで書かれたものだ。突然、男たちに囲まれ、殴られ、袋に押し込まれ、連れ去られた恐怖。全ての自由を奪われ、監禁・監視され続けた絶望の日々。SFアニメのスーパージェッター(未来から来た少年)が助けに来ないかと本気で願ったという蓮池さんは、故郷に酷似した丘を見つけ胸を熱くする。

タラップを降りる「あの時」もまだ子どもたちが北朝鮮で人質状態にあった。記者の質問に安易に口が利けない。どれ一つとっても想像を絶する苦悩との闘いだ。しかしこのことは誰の身にも起き得たことだ。もし自分だったら、家族だったらと考えると穏やかではいられない。ヴァイオリンを弾きながら「この楽器が来て〇年……」と思うたび頭をよぎる光景はタラップの上で立ちすくむ被害者の姿だ。このストラディヴァリウスを弾き続ける限りそれを忘れることはない。

今もかの地で「助けに来る」と信じて待つ人がいる。

いま愛器で弾く「日本のうた」を一番聴きたいのはかの地にいる彼らなのではないか。そう思うと胸が締め付けられる。

クライスラーの夢を

もうすぐクリスマスだ。冷たい空気を揺らしながら街を艶やかに色づけるクリスマスの飾り……。人々の心も、不景気を一瞬忘れて華やいだ気持ちになることだろう。しかし私はなぜか、クリスマスの時期が苦手だ。切なくてたまらなくなる。いつの頃からか、そんな気持ちになってしまった。ツンとした夜空に映えるクリスマスツリーが美しければ美しいほど、聴こえてくる楽しげな音楽に、むなしささえ込み上げる。

「いま寂しい思いをしている人がどこかにいる」

と思うと、身の置き場がない。せめてステージに立ち、音楽に没頭してヴァイオリンを奏でていたい。

幸いクリスマスシーズンには演奏会が増え、イブや当日もコンサートを行うことが多い。ストラディヴァリウスを響かせながら、弦の音が誰かの凍える心をわずかでも温めることができれば、と祈る気持ちで魂を込める。言葉を尽くしても人の心になかなか届かないときも「音の響き」はハートに寄り添うことができる。

今年の冬は特に寒く感じる。なんといっても被災地の「何もなくなってしまった空間」や「人が住んでいない町のたたずまい」が脳裏から離れない。こんな冬にこそ私には弾かずにいられない曲がある。作曲家クライスラーの作品だ。

『愛のクライスラー』というCDを出した時に、東京オペラシティで全曲クライスラーだけのコンサートを開いた。いま私が届けたい「ぬくもり」をクライスラーが持っているからだ。ヴァイオリニストだったクライスラーの作品は、ヴァイオリンそのものの声がする。ヴァイオリン自体がすすり泣き、まさに命が宿っていると感じるのだ。

没後五十年（二〇一二年）にあたるクライスラーは、ウィーン生まれのユダヤ系音楽家だったこともあり、戦争に翻弄され、波乱に満ちた生涯を送った。ウィーンを離れ、イギリスやドイツ、パリと演奏拠点を移しながら、晩年はアメリカ国籍を取得するに至り、ついに故郷ウィーンに帰ることなくこの世を去る。戦争と交通事故によって、音楽から離れざるを得ないことをたびたび、強いられる。だが、そのたび再起し、作曲家として数々の名曲を残すことになるのだ。

クライスラーの作品には体温がある。いたわりの感触、人のために流す涙、故郷を懐かしく回顧する時間の流れがある。そのぬくもりこそ、この冬の寒空に、私が奏でたい〈音〉であり〈心〉であり、〈メッセージ〉である。

クライスラーの作品に、「アロハ・オエ（さらば愛する君よ）」のアレンジがある。

クライスラーの感性が切なく哀愁を帯びていて痛ましいとさえ思う。クライスラー自身の悲運の哀歌と思える曲は、ほかにもある。『ウィーン風狂詩的幻想曲』は、帰ることのなかった故郷を舞台に繰り広げられるドラマが内包されていて、甘くも郷愁に満ちた、しかしきらびやかなワルツがこの曲を彩る。輝き放つクリスマスの、その切なく、いとおしい飾りのように胸に染みわたるのだ。

被災地で、今も不自由な仮設住宅での避難生活を余儀なくされている方々の心に温かく寄り添いたい、と願っている。

クライスラーの世界が万華鏡のように被災者の方々へ「夢」を運びますように！

II

カルチャー・ウオッチ！

空を飛び交う宅配便

私は旅行の荷物が、とても小さい。ステージドレスなど全て入っているのか、と関係者にびっくりされる。

兄に「女性なのだから着替えも靴もいろいろ持て」と言われ、ある日素直に言うことを聞いたがため酷い目に遭った経験がある。乗った飛行機が遅れ、次の乗り換えのフライトまで時間がなく、海外の広い空港を疾走、片手に楽器、もう一方の手に重たくて大きなスーツケース、なんとか間に合いはしたがグタグタに疲れた。それ以来、誰に何と言われようが荷物は可能な限り小さく、と決めた。本当は楽器以外何も持ちたくない。楽器を守りたいからだ。

国内の場合は、便利な宅配便が活躍する。さすが、日本の誇る宅配便、時間に正確、場所も間違えず、確実に届けてくれる。だから国内での荷物は小さい必要もないのだが、小さくまとまると妙にうれしい。

先日もスーツケースを四つ床に並べて支度をした。北海道方面、東北地方、関西方面、九州地方、と書いてメモを貼る。各々にドレス、ステージ靴、最小限の化粧道具と着替え、最後に「どこのホールのスーツケースか」を書いた手紙を入れ、あとは宅配便で出す。

それぞれのスーツケースは「担当」の地区で行われるコンサートホールを次々回る。私がコンサート会場に着くと、楽屋には見慣れたスーツケースがちょこんと待っていてほほ笑ましい。終演後は次のホールへまた送り出す。二、三カ所回って自宅へ戻る。戻った順からまた中身を入れ替えて、出す。

一年中、常に数個のスーツケースが宅配業者の手によって行き交っている。宅配業者は、今や演奏家のパートナーだ。

携帯電話で原稿を

私はパソコンもインターネットも使わない。携帯電話もガラケーと呼ばれる従来機で頑張っている。原稿を書くのは、このガラケーを使う。

「携帯電話で原稿を書く」と言うと、一様に驚かれ、ちょっと前までは進んでいるくくりに属していたのに、今では古い人間のように扱われる。が、この携帯で六千字は書くことができるので何の不自由もない。そのままメールを送ればすむので便利だし、軽いし、電話もできる。

原稿を書くのは移動中だ。

動いている車内でないと頭が回らない。

それに時間制限がなければ書きたいことが湧いてこない。

原稿を書くためにわざわざ電車に乗ることもある。

ガラケーの携帯が私にとって最適なもう一つの理由は、片手に常に楽器を携えているからだ。大切なヴァイオリンを持つときには、できれば他には何も持ちたくない。いざというときにヴァイオリンを守れるように、せいぜい小さなバッグしか持たない。肩掛けバッグから片手で携帯を取り出し、片手で原稿を打つ。

キーのカタカタいう音も必要だ。

車内が暗い時、画面をよく見なくとも確認音を何回押したかで、何の文字を打ったか推測できる。しかも書き終えた後、私は行数を数えるのにカーソルを上下にずらす確認音で数える。便利になり過ぎているネット社会、増える犯罪、私はひどく違和感を覚えている。

最近、親しい音楽仲間がポロリとこぼした。

「今の学生は音楽をデジタルで考えている。どのくらいの大きさで弾くか、目盛り幾つの速さで弾くか。五感を使うことを忘れているのではないか」

徐々に感性が摩耗していく昨今、人間にとって本当に必要なものは何なのか……。

楽器と高温多湿

この季節（七月頃）が一番つらい。高温多湿の気候に私もヴァイオリンも翻弄される。二〇〇～三〇〇年前に製作されたような古い楽器は湿度を嫌う。涼しくカラッとした欧州で生まれ育っているからだ。日本で弾いている楽器を欧州に持っていくと大抵鳴りがよくなるし、逆に欧州から来日する演奏家が少なからず苦労するようだ。

ストラディヴァリウス「デュランティ」の場合、湿度五〇％を超えると機嫌が悪く、六〇％を超えるとガラガラ声、七〇％を超えると膠《にかわ》が剥がれて修理が必要になる。自宅では専用の部屋に除湿をガンガンかけて四〇％台を保つ。持ち歩くときには特別に作った頑丈なケースに入れる。ケースの中には楽器専用の乾燥剤を幾つか入れてしっかり閉じる。

高温も良くないので、外を歩かなければならないときには走るか早歩きだ。

着いた先のコンサートホールは、必ずしも温湿管理が完全な場所ばかりではない。自分の湿度計を二種類持ち込み、ステージや楽屋を測って歩く。嫌味に感じられるかもしれないが、湿度が危険な状態だと楽器をケースから出せない。スタッフに協力していただきながら何とか本番までに湿度を下げる努力をするしかない。

湿度が下がっても、本番演奏中に噴き出る汗や熱気でまたもや湿度が上昇し、結局修理に出さなければならないことも多々。修理後は病み上がりと同じ、本調子に戻るまでどうしても時間がかかる。コンディションを見ながら弾き込んで調子を上げて、また湿度の心配をする――。

そんな繊細なヴァイオリン、あれこれ気にかけながら世話をするのが、何のかんの言っても、私は好きなのだ。手のかかる子ほどかわいいものだ。

銭湯の変顔

時々、銭湯に行く。

猛暑の夏であっても、熱い湯に浸かると疲労が抜けてかえってサッパリする。温泉が好きだが、なかなか行く時間がないし、銭湯でも十分満足だ。自宅の風呂でもいいようなものだが、銭湯のあの広さに人はリラックスするのだと聞いたことがある。

昔、スーパー銭湯に凝っていた。父の生前、誘い合って家の近くの銭湯へ、毎日のように行ったものだ。父娘とも互いのコミュニケーションが下手だった私たちは、銭湯に行こうと声をかけることが唯一の交流手段だった。父は私が誘うのを楽しみにしていたように、その時間になるといつもソワソワして、母に笑われていた。

「帰りはどっちが運転する？」

そんな会話をしながら、五分くらい運転して行く時間もまた楽しかった。普段会話のない私たちは実に不器用に話題を探したものだ。銭湯に着くと「じゃあ、四〇分後に入り口にね」と約束し、あとはそれぞれがお風呂を楽しむ。

たまに中で「ヴァイオリニストの千住さん!?」と声をかけられることもある。いくら同性でも恥ずかしい。そこで考案したのが「変顔で入る」ことだった。違う人のふりをすればバレない、と思ったのだが、それでも「もしや、あなたは」と声をかけられた。

こちらは、あごを突き出して顔を曲げたまま、違います。とも言いきれず「ファンなんです！わあ、うれしい」などと言われると、この顔をどうやって元に戻そうかと苦笑いしながら困ってしまったものだ。

今では年の功かバレたらそれも仕方ないなと思う。

銭湯に入るたび、ふと昔を思い出しておかしくなる。身体のこわばりがほぐれ、心がフワッと和らぐ。

夏休み

八月が終わる。

旅行に行かれた方は疲れが出る頃か。私はプライベートでは旅行に出ない。演奏旅行が多いのでオフの日ぐらいはゆっくり家で過ごしたい。

幼少から、我が家では「趣味は持つべからず」という父の方針で、夏休みは各自「目的を達成させるために努力する期間」だった。音楽専門学校に進まなかった私にとって、まとまった休日は貴重だった。学業と演奏活動の両立は容易《たやす》くなく、片方を一生懸命やればもう一方が不足、という緊張とストレスの日々。家から学校まで片道一時間半、満員電車に押し込まれて通うと体力も減退だ。学校にいる間は当然楽器に触れない。高校に進んだ頃、「専門学校ではこうしている今もみんな楽器をいじり、先生のレッスンを受けている」と思うと焦りが募った。弾きたいと渇望していると「練習してよい」と許された時、我慢していたエネルギーが爆発する。

そんな中での夏休み、今こそと練習に明け暮れた。ノートにひと夏の達成目標とスケジュールを書き込む。一日二十四時間をどう使うか考えながら、目標という小さな夢が一つかなうかと思うとワクワクした。そんな練習の日々が一日ごとに名残惜しく、解放された時間が減っていくと焦燥感さえ感じた。しかし時間が制限されたことがかえって集中力に繋がったとすれば、抑圧されることも悪くない。

「今しか時間がない」

このことが特殊な練習方法を編み出し、ヴァイオリンを弾く歓びに満たされる。

夏が終わり、練習に疲れた身体を休める間もなく、新たな季節が始まる。

すがすがしい達成感、音楽に没頭できたことの幸せを噛《か》みしめた頃、秋風が吹き、コンサートシーズンが始まるのだ。

船上のヴァイオリン弾き

一九二二年（大正十一）十二月二十九日、その夫婦は北九州の門司港から榛名丸に乗船し四十日かけてマルセイユへ。明治生まれの日本人が年越し欧州へ向かう船上、最も記憶に残ったことは、アインシュタインと乗り合わせたこと、アインシュタインの奏でるヴァイオリンの音色に魅せられたことだった、という。実際アインシュタインはヴァイオリンが上手く、その柔らかな音色の「録音」を聴いたときには、私も驚いた。

夕暮れ時、アインシュタインは楽器を携え甲板に出た。波に大きく揺れる船上、身体を左右に揺らしドヴォルザークの『ユーモレスク』を奏でた。その忘れ得ぬ思い出を、夫婦は後に孫たちに話して聞かせた。孫の一人である私は、まだ物心つかぬ時から、祖父母の夢を自分のものとして染み込ませていった。

ヴァイオリニストになって、初めてクルーズ船に乗ったのは二年前。祖父母の思い出を胸にヴァイオリンを弾いた。アインシュタインがヴァイオリンを奏でる姿が海面に見えた気がした。朝に夜に甲板に出て波をのぞけば、海の深さとダイナミックな波しぶきに生きていることの不思議さえ感じて感謝の気持ちがあふれた。

船旅では時間の流れが変わる。

世界一周クルーズは百日を超え、飛行機や新幹線でビュンと飛んで行ってサッと帰るのと異なる。目まぐるしく便利な現代こそ、船旅は貴重だ。

短気な私も時を波の揺れに任せれば、それこそが贅沢《ぜいたく》なくつろぎの時間だ。

先日、日本外航客船協会よりクルーズアンバサダーを任命された。

そうか、船上のロマン、人生の喜びをもっと多くの人々に知っていただかなければ。九十年前の祖父母の夢を未来に繋げるために……。

だから私はヴァイオリン弾きになったんだ。

九十代の巨匠

とても九十歳とは思えない現役ヴァイオリニスト、イヴリー・ギトリス。

二年ぶりに来日したマエストロ。少し腰を曲げながらも足取り軽くステージに現れ、サラサラとなびく白髪を揺さぶりながらヴァイオリンを奏でるギトリスの音色に、私は魅了された。

ステージの上で演奏家は嘘をつけない。

良いも悪いも全てありのままのその人が表れることを私は知っている。それ故にギトリス（一九二二年〜）の九十年間に及ぶ心の模様がそのまま音に映し出された時、その人格に惹《ひ》かれた。

人間の心にある「外界とのバリケード」を外し、音楽に従順になった時、こんなに美しく温かみのある音色があふれ出るのか。繕《つくろ》わず、決められたような型から離れ、九十年分のしわがそのまま味のある音になって、懐かしく、切なく旋律を歌うギトリス……。私がこうなりたいと望み願うヴァイオリニストの姿そのものだ。それは単なる演奏家としての姿を越え、人間としての「こう在りたい姿」でもあった。

日本にも九十二歳の素晴らしいピアニスト室井摩耶子《まやこ》（一九二一年〜）さんが存在する。室井さんの奏でる音も、その歴史を感じさせる愛と慈悲に満ちた癒《いや》される音色だ。愁いを含んだその音色から、人間としての深みを感じる。しかし、どんな人でも九十代になれば人間を超越したような音が出せるわけではないのだ。一日ごとの積み重ね、自ら決断して道を歩んで来たその足跡によって、「魂の音」の色合いも深みも味わいも、決まる。

願わくば、自分の選んだ道に誠意と信念を持ち、たゆまず努力を続け、虚勢を張らず謙虚に、卑下せず……。そんなふうに私も歳を取りたい。

九十代の巨匠の音色には、人間と神の間にある「つかめない雲」の存在がある。

ブランドか素性か

食材の偽装が問題になったが、そのたび「名器のニセ物」の事を思い出す。人はブランドを買いたいのか、中身を欲するのか。昔、ニセ名器の売買を巡って「売った方が悪いか、買った方が悪いか」の論争があった。

楽器の場合、食材と違い試し弾きができる。自己の判断、決断を経て自己責任のうえ買う。名器には由緒ある老舗の鑑定書があり大丈夫と言われるが、それだって偽造可能ではないか。弾ける人なら鑑定書に頼らず、自分の耳で確かめればよいが、弾けない人は鑑定書など第三者を信じ、ブランドとしての価値を買ってしまうのだろう。

十一年前、私はストラディヴァリウスを買った。それも大変高額な楽器、実際に試奏するまで

「そんな高価な買い物はしたくない」とその気はなかった。目前に現れこの腕の中で奏でた瞬間、生涯でただ一度の運命的な恋に落ちた。「音」に惚《ほ》れ、「もう何も要らない」と天を仰いだ。

この音色と共に一生音楽を奏でることができるならいかなる物も要りません、と誓い、「だから神様お願い」と祈り願い、相棒となった。

楽器の素性を知ったのは三カ月後だった。鑑定書に「一人目の所有者はローマ法王」とあり腰が抜けるほどびっくりした。二人目の所有者のフランス貴族デュランティ家に二〇〇年隠されていたため「デュランティ」という名称が付き、舞台で一度も弾かれずにいたと知る。

複雑な気持ちだった。愛した男性が突然王子様だと知ったような……。

「私はあなたの中身に惚れたのよ。素性なんて関係ない。たとえストラディヴァリウスでなくとも私はあなたを選んだ」

愛器を手に取り、そっと胸元に抱えながら、私はそうつぶやいた。

奥歯と演奏

奥歯が欠けた。

ヴァイオリンを挟む方の、左の奥歯だ。演奏しながら時折無意識に奥歯を噛みしめているらしい。歯がひしめいてゴリッという音をたてるのは気付いていたので、いつかは欠けると思っていた。強く弾くような箇所で歯を食い縛り、楽器を顎《あご》で固定しつつ圧力を加えるからだ。

昔からずっと気になっていた。ボクサーのようにマウスピースを作ってもらおうと考えたこともあるが、実際ステージに出て恥ずかしいし、マウスピースをして弾こうにも、違和感からかえって気になり弾けないと思い諦めた。それに骨（歯）をじかに振動させることが必要なのだ。

ヴァイオリンは、鎖骨と顎の骨で挟んで持つ。骨伝導が音色の決め手になる。身体中の骨が振動体となり全身を駆け巡るのだ。顎からは、歯を伝って頭蓋骨まで音が響く。私は常に頭蓋骨の内部の音を聴いていることになる。特に低弦を弾くと脳のあたりがジリジリと振動して気持ちいい。

たとえ同じヴァイオリンを別人が弾いても、まるで指紋のように、誰一人まったく同じ音色を出す奏者は存在しない。

「身体が楽器」になる点は歌い手と似ている。

ヴァイオリン奏者の中では、最近「肩当て（楽器と肩の間に当てる道具）」を使う人が増えているが、私は使わない。なのでなおさら、鎖骨から全身へ直接響きが伝わる。そんなわけで、歯も振動体として大切な役割を担う。

「奥歯を治したから音が少し変わるかしら？」

何気なくそう言うと……。

「きっと変わります！　いろいろ試してみますか？」

昔から馴染みのK医師から、こう答えが返ってきた。

面白い。いろいろな材質の歯を、今後研究してみたくなった。

泳ぐ

悩んだとき、悲しみのときも泳ぐ。

ストレスが溜《た》まると泳ぐ。

疲れるほどは泳がないし、毎日泳ぐわけでも、週に何回と決めているわけでもない。もやもやとした何かが心に溜まると、すぐに泳ぎに行く。気持ちが癒える瞬間が訪れたら止める。それが二〇〇メートルの時もあれば、一〇〇メートルの時もある。

そして、泳ぎながら水の音を聴く。

鼓膜を覆う別世界の音はどこか懐かしい安心感があり、息継ぎで空中に顔を出すたび、水中に何かが溶けて流れ去ったのを感じる。

ありがたいことに我が母校慶應幼稚舎では、卒業するまでに全員が一〇〇〇メートルを完泳することとされていた。そのためその後の私の人生に、水泳はたびたびかかわってきた。といっても、プールにいる時間は長くない。必要最小限五〜一〇分で、長くても三〇分程度だ。気持ちが収まるまで、水の抵抗を身体で受ける。鬱《うつ》な気持ちも、つらい思いも、水は浄化するようだ。

泳ぐ長さに関係なく途中では休まない。私の中で勝手に決めたルールがある。一気にひたすら泳いで、ふと気持ちが軽くなったと感じたら、即刻プールから上がり、急いでシャワーを浴びてサッサと家に帰る。

小さい頃からヴァイオリンの練習で疲れるとプールに行って泳いだ。十時間に及ぶ練習は、不自然な姿勢で楽器を構えているだけに肉体が悲鳴をあげる。疲れてへとへとでも、逆に水泳は全身のこわばった筋肉をほぐしてくれて楽になるし、それ以上に「心の疲れ」にこそ役立ってきた。

実は余りに気忙しくて、ここ数年は泳いでいなかった。久しぶりに先月から泳ぎ始めると新たなネジが巻かれ、止まっていた時計が動き出した気がした。

愛車は十万キロを超えて

九年乗っている愛車の走行距離は十万キロを超えた。なんだかうれしくて数字が十万に変わる時に写真を撮った。長く乗り続けたい私は「そろそろ新車を」というお誘いを断り続け、何万キロまで乗ろうかと考える。

だいたい新車に乗り換えたてが恥ずかしい。あまりピカピカだとわざと汚したくなる。新入生が新品のカバンをよれよれにしたいのと同じだ。だから今の感じがとても気に入っている。

運転免許は二十歳でとった。当初から運転が好きだった。運転中は頭の中がリセットされるし個室的な空間が自らを安心させる。ラジオをつけたり、勉強したいCDを聴くにもいい。ジャンルの違う音楽を聴けば開放感があるし、時には何も聴かず無音空間に包まれたい。

両親共に運転した。大学へ向かう父の車の助手席に、途中まで乗せてもらうこともたびたびあった。ハンドルを握ると父は人が変わり、「静」から「動」に変化した。

「生まれ変わったら、カーレーサーになりたい」

と言いながら楽しげにハンドルを握っていた横顔を思い出す。

学校が終わるとこんどは母が車で待っている。夜に本番の演奏会場に直行するため、車内で着替え、お弁当を食べ、宿題をし、レッスンのテープを聴いて勉強した。

そんな習慣もあってか、今では演奏会場へ自分で運転して行くことが常だ。二百キロ圏内までなら車で行く。車内が一番落ち着く。疲れないかと問われるが、使う神経が別だからか、かえって疲労が消えていく。

猛暑の日も豪雨の中も、早朝であろうが深夜であろうが、変わらず健気《けなげ》に私を待ち、守ってくれる車。乗れば乗るほどいとおしく、十万キロを過ぎてなお、いやますます手放せなくなってしまった。

野菜ジュース

野菜がもっと安くなってほしい。我流野菜ジュースを作って飲むからだ。

旅行が多いため野菜の摂取量が圧倒的に少ない。小松菜、パセリ、セロリ、人参、キャベツ、レンコン、レモン、リンゴを、ジューサーで絞りマグカップ一杯半飲む。野菜は決まったものではなく、その日の特売品を選べばいい。いろいろな野菜を試したが、タマネギだけはやめたほうがいい。強すぎて飲んだ瞬間に心底後悔した。

我流を始めて十五年、当初は海外にもジューサーを持って行った。現地の野菜は独特ではあったが、構わず買ってきてホテルの自室で絞ればいい。いつもの勢いで、電源を入れて野菜を押し込んだ途端、驚くほどの轟音《ごうおん》と共に煙を吹いて、ジューサーは壊れた。当然だ、電圧が違うのだ。それ以来、海外に持っていく気持ちはなえた。

国内の地方には、宅配便で機器を送りつけて飲んだ。野菜はホールに入る前に、タクシーで地元のスーパーに寄って調達する。

演奏前、楽屋にジューサー音が鳴り響くと主催者が何事かと飛んで来る。聞き慣れない機械音と立ち込める野菜の青臭い匂い。

皆さんにも差し上げるが、一様に苦笑しながら、決して美味しいとはいえない青黒い液体を、小さな声で「意外と飲めますね」などと言いながら飲む様を見ているうちに……私は何をやっているんだろう？　と思い、やめた。

今は、旅行に便利な青汁があるではないか。今までの苦労をいとおしく思いながら、水に溶かして飲んでいる。持ち運びの苦労がないのがいい。

それでも家に帰れば、あの面倒な作業が妙に懐かしく、野菜を買いにスーパーへ走るのだ。

メガネ

視力が落ちてきた。二・〇を誇っていた時期もあったのに、早い話が老眼だ。

ここ数年、徐々に自覚はあった。演奏する時も、譜面台を離して「なぜか遠くの方が視《み》えちゃうの」など冗談交じりに言い訳していたころはよかった。まだまだ大丈夫と意地を張って文字を遠ざける様を「往生際が悪い」と周りに言われ始めた。

薄暗い照明のレストランではメニューが読めず、眼を落としたまま、お勧めは？と聞き、見えるふりをしてさりげなく言われた品を注文してすませてきたが、好きな物が食べられない。そこまでメガネを拒むのは、かけ慣れていないせいもあるし、老眼を認めたくない女心……!?

楽譜は暗譜すればいいが、室内楽の場合だけは楽譜を読みながら弾く。譜面を拡大コピーをしたらどうかと先輩からアドバイスを受けたが、譜面をめくるたびバサバサ音がうるさい。

決定的なのは読書ができないことで、試しに百円均一の店で老眼鏡を買ってみた。メガネをかけて文字を視ると感激するほど見えた。結構種類もあり、オシャレな物もあるし、不足はない。で、しばらく使っていたが作りが簡素なためか思いがけないタイミングで壊れた。意を決してメガネ屋に行った。

まず文字や記号を読んでいく測定がゲームのようで楽しく、次第に必死になっている自分に気がついた。正直に測定しなければ意味がないのに、つい勘を働かせて当てようとする。案外勘が当たり、予想より良い視力結果が出た。それがうれしくて、初めて作ったメガネを大切にピンクのケースに入れて持ち帰った。だが案の定、勘で言い当てて作ったメガネは視えづらく不便、嫌でもこうしてじわじわと己を知らされるのか。

レコーディング

レコーディングを終えた。今冬発売（二〇一三年）のCD『センチメンタル・ワルツ』のためだ。

薄い酸素の中にいるような特殊な緊張感、一つ大きな呼吸をした後、弓で絃に触れる。音になった瞬間それは「永遠に残される音」へと変貌する。一瞬に込める想いは心のどの部分か、自己への問いかけが始まる。きれいに弾こうか、独自性を出そうか、明るい音か、哀しげにか等々。コンサートでは、その中のどれかが膨張し、主導権を握る形で演奏が始まるが、レコーディングではその一つが全てとなり、音は瞬間凍結される。

「今の素《す》の私」を一本のヴァイオリンに集約すべく、私は自己に向き合う。

音は、繕えない。

音色は心の色に染められる。

音楽家にとってプライバシーはない。

魂そのものが音に姿を変えるからだ。

今、私の心に広がる空間、それは切なく寂しさの立ち込める霧の中……。亡き母の思い出、初夏までこの世にいた母が、声が出なくなる直前最後に語った物語が胸の底に沈下している。

「不思議な夢を見た。極端に寂しい、極端に寒い、極端に醜いいたたまれない世界、何かがグロテスクにうごめいた。そこに音が聴こえてきた。それは聴いたことのない美しい音。楽器の音じゃない、声でもない。その美しい音に私は救われた……」

母は宙を仰いで瞳を潤ませた。

深く心に残されたそのメッセージが、私を霧のように覆う。私はそれを「永遠の音」にしたいと願って弾いた。私にはこの世の音しか出せないが、がんで痛みに苦しみぬいた母だけでなく、今も苦しみの中に耐える人へ、誰かが救われることをただ祈りながら……。

「いかに考えないか」

演奏に必要な「無の三〇分」というのがある。自ら意図的につくる「空白」のことだ。演奏会当日、楽屋で必ず行うことの一つだ。

まず、楽屋を真っ暗にする。ソファーに横たわる。なければパイプ椅子でも並べてその上に横になる。それもない時は、床にタオルを敷いてその上に寝る。足を高く、何かの上に乗せる。何もなければ壁に足を立て掛ける。耳栓をしてできる限り無音状態にする。三〇分後に携帯電話のアラームをセットし、頭の中を「空白」にしていくのだ。

空白にする、といっても最初は難しかった。なかなか邪念が抜けない。人間は常に多種多様なことを次々と考え、そのほとんどが混沌とした意味不明の断片だったりする。必要なことだけを考え、価値ある方向へと思考を伸ばすなどそうはできない。

演奏上のことにしても、本番間際に頭に浮かぶことに大切な内容はほとんどない。むしろマイナス方向に思考が伸びて結果は良くない。だから無になる必要がある。雑多な考えが浮かんできたら、その考えを指でつまみ出すイメージだ。

始めのうちはつまみ出しても次々に邪念が流れ込んでくる。そのうち、カラになった器がイメージされ、脳が静かになる。

「人間は考える葦である」。一方で、「無」になることは「子どものような無垢《むく》な心」を目指すことにも繋がり「いかに考えないか」が境地の業《わざ》となる。

さて「空白の三〇分」が過ぎ、アラーム音で覚醒する。電気をつけ、手早く支度、楽器の調弦。リセットされた脳は風通しが良く、弦の振動に同調する。

ステージの上、音楽に従順に従えば、ヴァイオリンの音が心地よく脳に染み込み、透き通った空間を感性が浮遊する。

待てない

先日レストランに入った途端に後悔した。席に案内された後なかなかオーダーを取りに来ない。わざわざ空いていそうな早めの夕方、空いていそうなお店を選んで入ったのだ。忙しくないからすぐに注文を取りサッと料理が運ばれてくるはずだった。予想に反して、まだ調理の支度もままならず、アタフタしているため、用事を思い出したふりをして私は即、店を出た。

次に入ったレストランでは、まず最初に一番早く出来るのは何ですか？　と聞くところから始めた。これですぐに持って来てほしいという意思表示になる。自分の食べたいものは置いといて、早いと言われた物をオーダーした。

急いでいる訳ではないが、待てない。大抵一人でレストランに入るから、待っている間手持ちぶさたで話す相手もいない。ついでに、料理が運ばれて来ればただただひたすら食べるためすぐに食べ終わる。だから私は食事時間が大変短い。待てないならファストフードやラーメン屋に行けばいいのだが、こんな私だってたまにはレストランで食事したいときもある。

誰かと一緒に食事しても、私が早食いのため、待つ努力を強いられる。母の生前、一緒にレストランに入り食事が遅い母を観察した。一口食べては私にうれしそうに話をしていたため、たまりかねた私は、「食べる時は食べることに集中して！　話はあと」と言って、母にあきれられたことがある。思えばかわいそうなことをした。ゆっくり食事を楽しみながら母娘の時間を過ごすべきだった。

だが今は一人だ。ハンバーグでもグラタンでも、カーレースのピットインのようにサッと食事を終えられれば「待つストレス」から解放されるのに――。

また美容院での優雅なサービスが苦手だ。一つひとつの動作を、待てない。

カットサロンなのだから、カットしてくれれば満足なのだが、いろいろケアしてくれる。多くの女性は、そんな優雅なサービスを喜び、リラックスしながら雑誌を読み、会話を楽しむのだろう。だが私は……違う。

まず洗髪。清潔であればよい。よく私は「簡単でいいです」と言うが、なかなか真意が伝わらない。要領よく短時間で洗ってほしいが、よかれと実に丁寧に洗髪する人もいる。二〇分も三〇分もかかってるじゃないかと思うほどの時もあった。そんな人の場合、丁寧なのは洗髪のみならず、髪の毛をタオルで拭くのにも丁寧だったりする。そうなると、もうじっとしているのが苦痛で耐えられなくなる。優しく拭いたり、毛先をトントンしたり、髪の毛をまとめてタオルでくくってピンで留めるまでの優雅な動作を「それ必要ない。もう拭かなくていいから早くカットする席に移りたい」と心で叫び、イメージの中で私はすでに向こうの席に移動している。

拭いた後、新しいタオルを持って来たり、何かを取りに行ったりするたび、待つ。

「少々お待ちください」という言葉に、私は過敏に反応し、ドキドキしてしまう。

ドライヤーが始まると、私は「乾いていればいいですから」と言う。最近は、行きつけの美容院の方の理解を得た。要らない動作はすべて省かれ、洗髪も手際よく、タオルドライもそこそこに、要らぬマッサージサービスは無しに、会話をしない代わりにカットに集中して、必要最小限のドライヤーセットをしながら会計を同時に行い、皆の表情が苦笑気味ではあるものの、カーレースのピットインのようでうれしい。

手帳

来年の手帳を買った。

少し早いが先日からずっと探していた。さまざまな趣向をこらした手帳の中から、自分の近未来を書いていくにふさわしい気に入った手帳を見つけ出し、気持ちが新たになりうれしい。

私は手帳に何でも書き込む。

十二歳でデビューした時からそうしている。手帳を広げると、頭の中が自分で見えるような気がする。

仕事のスケジュールのほか、どこの演奏会で何を弾いたか、どのステージドレスを着たか、日々の湿度や楽器の状態、弦を取り替えた日とその状態、または水泳でいつ何メートル泳いだか、この日は何千歩歩いたか、卵の飲んだ数、テレビで観た心に残る出来事や誰かの言葉、その日ひらめいたこと……。日記のように、演奏会の反省やどうしてもつぶやいておきたいようなことも、時には書く。

先のことを考えプランを練るのにも、手帳を広げる。

いつ何の曲を弾くか、新曲の場合の練習プラン、暗譜しづらい曲を覚えるためのカウントダウンを一週間前、二週間前と印を付けるのも手帳だ。演奏上特に注意したいことや、思い付いた演奏法、忘れたくない発見を自分に向けたメッセージにする。

「三ページ目の練習が足りていない」などと、自分で自分を教育するのに手帳は大いに役立つ。

あまり過去のページは見ないことにしているが……。

さまざまな地方の近隣地域での演奏会でステージドレスが重ならないために「以前この近くに行ったときはどのドレスで何を弾いたか」、過ぎ去った日のページをめくることがある。眠っていた「新しい過去」がまだ鮮度を保ったまま脈を打ちながら心身に蘇る時、手帳が全てをのみ込んでくれたような安堵さえ感じられるのだ。

プラハの温かい音

プラハの冬は厳しい。この季節になると、初めてチェコの地を踏んだあの日を思い出す。二十代半ばだった私は、挫折によるブランクから立ち上がろうと必死にもがいている時期でもあった。音楽は心を癒してくれるが、つらい思い出をも想起させる残酷な一面を持っている、と感じていた。幼い頃から弾き続けている全ての曲が、当時の私には傷をえぐるように響いていたからだ。

ひとりプラハの街を歩いた。古びた街並みはそのたたずまいだけで美しい。薄暗い灯がぼんやり優しく空気を包んでいて、空調はひと昔前のもの、人々は贅沢な暮らしをしておらず、身を寄せ合い膝かけを譲り合う。

人は必要最小限あれば生きていける——。いやむしろそのほうが人としての情感が育つのではないかと実感した。そんな人々が奏でる音、傷をえぐるはずのメロディーがメランコリックに淡い灯を帯びて心に染みた。音は建物にまで染み込むようだった。

そうやって何百年もこの建造物は育って来たに違いなかった。家や石や土さえも、息づいていることに心が震え、そんなプラハをいとおしく感じた。

この十二月、そのプラハからスーク室内オーケストラがやってくる。一緒にクリスマス全国ツアーを行うためだ。

音楽は凍える心を温めると彼らは教えてくれた。「音楽は空腹も満たしてくれるのさ、音楽はエネルギーの源なんだ」と。ステージで、郷土的なぬくもりが彼らの体内から音に染み出る。彼らの紡ぎ出す音には、幾重にも重ねられた人間の厚みがある。彼らの財産は物質より心の豊かさなのだ。

人恋しい十二月、スーク室内オーケストラの温かな音に包まれ、私は祈りのクリスマス音楽を奏でる。

哀愁のクリスマス

クリスマスが近づくと切なくなる。いつの頃からかそんな自分に気がついた。年々苦手意識が強まる。どんな気持ちで過ごしたらいいのか。楽しい空間の向こうで、悲しみの中にいる人が泣いているかもしれない。だからヴァイオリンを弾く。

我が家も昔は賑やかなクリスマスだった。家族七人犬一匹、それに加えて数人集まり、母が自慢の手料理を振る舞う。特に鶏の丸焼きは大人気だった。中にお赤飯を入れたり挽《ひ》き肉やナッツなどさまざまな物を入れ、四～五羽も焼く。鶏を丸ごとベーコンでくるみオーブンでこんがり焼くのが我が家流だった。

大きなツリーには飾り付けに紛れて、なぜか願い事を書いてつるし、兄が楽しい音楽をかけて踊る。

寝ている間に、枕元で幸せな気配がするのもうれしかった。

私たちが大人になるにつれ、皆次第に忙しくなると集まる人も減った。そのうち祖父母が亡くなり、兄が独立し、父も他界、私は演奏会でいないことが増えた。母は、それでも鶏を焼いた。私が演奏会を終えて深夜に帰宅すると、すっかり冷めた鶏の丸焼きがテーブルの端に置かれていて、母はその前で居眠りをしていた。

「誰もいないのに何でこんなにたくさん焼いちゃったの？」

とがめるように言う私に、「えへへ」と笑う母が哀しかった。

私はいつの頃からか、クリスマスの季節には音楽を奏でる役割を担って、サンタの気持ちになった。演奏会がない日は、ボランティアで子どもや老人施設を慰問、母がサンタの格好をしてついて来るときもあった。その母も星になった今年のクリスマス、やはり音楽のプレゼントを届けに飛び回ろう。楽器を片手に、寂しがっている人のもとへ。

天使の慰め

波乱に満ちた母の人生の幕が下りた。

回復して日常生活に戻りたい、という夢に向けて本人は希望を捨てなかった。痛み止めを飲むと頭がボンヤリして好きな執筆の仕事ができないと考えた母は、最後まで薬を拒んだ。

最後の数週間は、痛みに耐えかねて悲鳴を上げる日々だった。体力が減退し声が出なくなっても、痛いと口を動かし声なき悲鳴を上げた。それでも薬はかたくなに拒否し続ける。神でもない、医者でもない、何の知識も手段も持ち得ていない私は無力だった。

ごめんね、痛くてごめんね、ひたすら身体を擦り、謝る自分しかなかった。

そんな時、ボランティアで訪れた気仙沼の保育園。祈りを込めて弾き始めたアヴェ・マリア、日本の歌。母への想いを胸に弾き終わると、園児たちが立ち上がった。

「みなさん、真理子さんの目を見て歌うのよ」

園児たちはそう言われると、かわいい目でまっすぐ私を見つめて歌い始めた。

あのこのえんそく　いちにちのびて
なみだかわいて　くしゃみをひとつ
くもがながれて　ひかりがさして
みあげてみれば
ラララにじがにじが
そらにかかって
きみのきみの　きぶんもはれて
きっとあしたはいいてんき

（日本音楽著作権協会（出）許諾第1507217-501号）

『にじ』（新沢としひこ作詞）を叫ぶように歌う元気な歌声、清らかで無垢《むく》な心、たくさんの澄んだ瞳がジッと私の眼を見つめている。

張りつめていた緊張がとけた途端あふれ出る涙、押さえきれない感情、不思議な顔をして園児たちは私を見ていた。慰められ、励まされ、泣き出す私を、彼らは心配そうに見つめ、私の心に向けて歌い続けた。ボランティアの場で、私の心は慰められた。

翌々日、母は苦しみから解き放たれた。

遠い永遠へ旅立って行った。苦しみの顔がおだやかな笑顔に変わったとき、私は気仙沼の園児たちを思い出した。

天使のような笑顔は、人の心を救う。

母が他界したのは六月末（二〇一三年）だった。なので二〇一四年のお盆が初盆となった。

遺品の整理をしようとするが手が止まる。まだぬくもりの残るエプロンや衣類、大切に集めていたフクロウのグッズ――。その中に「書きかけの原稿」があった。

私と母は三カ月前に本を完成させたばかりだった。手紙を書きあう『命の往復書簡』（文藝春秋）。母のがん転移が分かって「もう救えない」と言われた時、母が「書きたい」と言って始めた書簡は、結果として母の遺言本となってしまった。本が完成した時、母は喜んで手に取ろうとしたが、もはや本が重い、と持てなかった。「元気になったら読む」と枕の下にその本を入れた。

そもそも手紙なんて照れくさくて書けないと思っていたが、書くという行為は人を素直にさせる。私たちは次第に本音をぶつけ合い、母娘という微妙な関係は、人間同士の語り合いになっていった。がんのこと、家族や人生について、5Bの鉛筆で原稿を書いていた母の最後の頃は解読不能な弱々しい文字が連なり、母はそんな字をよしとせず、しっかりした文字が書けるまで何枚も書き直した。それが書き損じ原稿としてたくさん残っている。力を振り絞った文字で「救いはどこにあったのか」と綴られている。

その中に最後の手紙冒頭の部分か、同じ内容のものが何枚もあった。

「真理子へ、精一杯生きなさい。それがあなたの……」

原稿として書かれたものか、私に対する本当の遺言か、その後に何を書こうとしたのか。本の中には同じ言葉はない。初盆に、結局私は何も捨てられず、書き損じた原稿の束を重ねて母の遺影の前に置いた。

三カ月ぶりに、気仙沼に行った。再び来る、と言い残して慌てて被災地を後にしたあの日が甦る。――六月末、この気仙沼の地でボランティア演奏をして回っていた最中、母の危篤の知らせを受けたのだ。

あの時、携帯電話にかかってきた看護師からの緊急連絡に、私は一転動揺した。一方、何カ月も前からこの日を楽しみにしてくださっている被災された方々。だが「願わくば生きている母にもう一度だけ会いたい」と、後ろ髪を引かれる思いでこの地を後にした。あの日私は震える心で車窓の外に目をやっていた。

津波被害から二年の歳月により雑草が生え伸びてどこまでも広がる空き地、片付けられないたくさんの瓦礫《がれき》。胸を締め付けるむなしさは、津波の爪痕から受ける悲しみ故か、母親が亡くなる悲しみだったのか。


今、変わらぬ景色が目の前に依然広がっている。母を亡くした悲しみから立ち直ったはずの自分がここに居るのに。時間のねじれを感じながら、待たせてしまった施設を順番に回った。

帰り、車は新幹線一ノ関駅に着いた。そうだ。この階段をあの日走った。この改札で携帯を握りしめながらチケットの乗車変更をした。このプラットホームから眺めた夕暮れの景色、あの時の風さえ今の私は懐かしい。

それなのに、被災地は変わらない。ここだけ時間が止まってしまったのだ。一ノ関駅を通過する新幹線が、ものすごい勢いでホームを震わせながら目の前を通り過ぎた。怖い、と感じたその時、同行のF氏がつぶやいた。

「水深五〇〇メートルでの津波は今の新幹線と同じ速度で押し寄せるらしい」

私は今更ながら、あぜんとして言葉を失ってしまった。

唐揚げ

「唐揚げ食べたい？」

母の口癖を次兄が言った。お料理自慢の兄明だ。初夏に亡くなった母の懐かしい味を再現してくれた。

母の唐揚げは、味が濃く付いていて香ばしかった。鶏もも肉の脂身を取り除き、日本酒、醤油、すったニンニクで下味を付ける。片栗粉は特別な粒々の唐揚げ用のものだ。低めの温度の油で揚げいったん取り出し、次に高めの温度でもう一度揚げる。回りの片栗粉がカリッと、食欲が増す。作り方を分かっていても、自分のためだけに作る気にはなれない。この母の手順を、兄明はすっかりマスターしていた。

ニューヨークに住む博兄が単身日本とニューヨークを気忙しく往復するときにも、母はこの唐揚げを「機内で食べて」と持たせていたのを思い出す。

亡くなる前にも「今晩唐揚げ作ろうか」と病む身体を必死に動かして立ち上がり、「いいよ」と制すると、「私が唐揚げを作れなくなったらもうおしまいだ……」と生きることの一つの指標にしているようでもあった。

「なんか上手く揚がらない……」。最後の方はそんな言葉が続いた。

痛さと苦しさで立っていられない母は、油の入った鍋にしがみつくようにして、泣きそうな顔で必死に鶏を揚げていた。やるせなく、母の後ろから私は母ごと鍋を押さえた。揚がった鶏は確かに焦げたりベトベトだったりしたが「美味しい！　やっぱりコレだね！」と言って、がむしゃらに食べてみせる私を、母は少しうれしそうに弱々しい笑顔でじっと見ていた。

兄の揚げてくれた懐かしい唐揚げ、久々の味を夢中で食べた。

「すごい……。一キロあったのに全部食べちゃったよ！」

驚いた兄夫婦と一緒に笑いながら、私はしきりに眼をしばたいた。

III

新幸福論

私の新幸福論

コンサートツアーのため、自宅に居られるのは週のうちほんのわずかである。

二十五年ほど使っているスーツケースが三つある。手荷物受取所で見つけやすいようにケースには「1010」（センジュ＝千住）という目印を付けてある。旅先から次の旅先に送ることもよくある。舞台衣装、靴、普段着、化粧品、筆記用具などを要領よく詰め込む。集中力を高めるチョコレートとガムも欠かせない。

この荷造りは数分もあれば終わる。スーツケースは丈夫な布製の軽いものを選ぶ。特に海外では、飛行機や荷物のトラブルも多く、変更になったゲートへ遅れないために、空港内を走らなければならないからだ。片手にヴァイオリン、片手にスーツケースを持って、全速力で走る。

空港で荷物が行方不明になったことも何度かある。でもそのたびに戻ってきた。するとますます愛着が深まる。私の人生の起伏を静かに見続けてきたのがこのスーツケースといえる。たった独りで行動するソリストにとって、わがスーツケースは共に傷を負ってきた唯一の同胞なのだ。

旅先では、ほとんどホテルと演奏会場の往復だけだ。ヴァイオリンを守ることが精いっぱいなので、食べ歩きもままならない。

第一、楽器を持ってフラフラ出歩けない。ホテルの部屋で静かに過ごす。

こうなると、私の伴侶はヴァイオリンのようなのだ。よく人からもそんなふうに言われる。

結婚して子どもを産んで、それでもやっていく方もおられるので、人それぞれなのだろうと思うが、私の場合はこれが精いっぱいなのだ。

ただヴァイオリニストとして張っていくのは、やはり精神的にも体力的にも厳しい。私の場合、九割以上の時間をヴァイオリンに割いている。何でも同時にできるほど器用でもない。ヴァイオリンと結婚するような生き方があってもいいかなと思う。

愛器はストラディヴァリウスの一つで、名前は「デュランティ」と言う。二〇〇二年の夏にスイスの富豪が亡くなった際、運よく手に入れることができた。少し弾いただけで、その音色のとりことなり、腹をくくって借金をした。「デュランティ」は人生をかけるに値する楽器だし、そうするのが当然のことだと思う。

「デュランティ」とステージに立つと、ものすごく幸せになる。ああ生きているんだ、生まれてきてよかった、と思う。

ステージが終わると寂しいし、次の本番はもっと頑張ろうと……。聴衆と感動を分かち合うための努力は、苦にならない。

へたばりそうになるとよく父の「努力」を思い出す。父は私たち子どもに進んでほしい道を押しつけたりしたことはなかった。むしろ、そうすることを嫌っていたようだった。自分で考え、自分で決断し、超一流を目指してたゆみなく努力を続ける。望んだのはこの姿勢だけで、常々「将来は、何をやってもいい」と聞かされていた。

父は結果より、努力そのものを大切にする人だった。

私が十代でヴァイオリンのコンクールに出るときも、「一位を目指すんだったら出場をやめなさい。良い演奏をしたいと思って頑張るのはいいけれど、毎日練習するその過程が大切なんだ。

結果にこだわるな」と、諭された。

わが家で父は「聖人」と呼ばれることもあったほどだ。

しかし、人間には欲もあるし、他人に認められたいと思うし、努力したら努力した分だけ見返りが欲しいと思う。でも父は「見返りはいらないじゃないか」と言う。

私は、この考えについていけなかったし、納得もできなかった。

大学時代の二年間、ヴァイオリンをやめたことがあった。全てのストレス（評価、練習、精神面、肉体面、社会とのかかわりなど）で、つぶれてしまったのだ。

この時も、挫折してボロボロになっている私に、父は「大切なのは努力すること。自分自身を磨きなさい」と、なおも言い続けた。一時期には、「口も利きたくない」と、私は父に反発心を抱いた。

しかし、父が亡くなってから、ある日、兄明が父の日記を見つけ、父を見る目が変わっていった。親に育てられることがなかった父・千住鎮雄《しずお》という一人の少年〜青年の姿がそこにあった。父が若かりし日につけていたその日記には、父からは一回も聞かされなかった壮絶なほどに苦しい生活の様子などが書かれていて、私たち子どもは皆大変ショックだった。いつもにこやかな父の知られざる過去を知り、それらを思い合わせると、「全ての言葉は意味があって言っているんだ」と気付かされた。

そうなのだ。父が私たちに言いたかったことは……。

頑張ることは何だっていい。ラーメン作りでも、石磨きでも、荷物運びでも……。これをやらせたらすごい、と周囲にほめられるぐらい、とことんやる。世間で成功するかどうかは関係ない。一つの頂を目指すと、そこにたどり着いたとき、別の大きな山が見えてくる。何かを突き詰めないと、人生の次のページをめくれない。

挫折から、私がステージに戻るきっかけは、ボランティア訪問演奏だった。高齢者や障害者施設から声がかかって、最初は固辞していたが「ヴァイオリニストでなく、一人の人間として来てほしい」と言われ、根負けした。

久しぶりに弾いたので、びっくりするほどひどい演奏だったが、皆さんの心からの「ありがとう」に、どこか救われるような気持ちになった。

それまでの私にとって、ステージとは曲芸のような演奏技術を身に付けて、聴衆にジャッジされる場所だった。ところがボランティアは違った。演奏が聴衆の心にじかに触れたり、突き動かしたりできる。「音楽を聴きたい」との聴衆の思いがひしひしと伝わってくる。そうして聴衆と一体になって音楽を作ることは、初めて経験したことだった。こんな世界があるのかと驚かされた。

ボランティアを重ね、もう一度ステージに立とうと思い直すことができたのだ。

「音を楽しむ」から音楽と言う。

そして音楽は、音で人を幸せにすることができる。言葉よりもずっと、人の心に訴える不思議な力がある。音楽の持つ悲しい気持ちや切ない気持ちを、演奏家は聴衆と、聴衆は他の聴衆……というように、誰かと一緒に感じることができる。この同じ感情を共有できる仲間がいることは、人間にとってとても幸せなことだと思う。

演奏で伝わるのは、曲想よりも演奏家の深層心理だといえるらしい。演奏家が憂鬱ならば、楽しい調子の曲を弾いても、憂鬱さが伝わってしまう。つまり、演奏家はうれしいフリ、幸せなフリなどできないし、心から音楽そのものに同化しなければ、人を感動させられない。ステージは楽しいけれど、同時に恐ろしくもある。その思いは強まるばかりである。

父の最期、ベッドに横たわりながら、私の目を見て人差し指を一本立てて言った。

「本当のもの」

それだけ言うと、「ね⁉」と言うように、もう一度私の目を見た。

私はどういう意味なのかを考える前に、「うん！　分かったよ。お父ちゃま」と答えて、父の人差し指を握った。

ホッとしたようにかすかなほほ笑みを口元にたたえて、父は目を閉じた。そんなやりとりは、一度ならず何回かあったのだ。

父の伝えたかったこと、それは「ほんもの」の人間になれということだと解釈している。「常に努力」が口癖だった父。反発したこともあったけれど、もし今、父に会えたなら言いたい。「お父ちゃまの考えは、正しかったね」と……。

母の教えたまいし歌

ある晩、夢を見た。

数人の若者が、太い樹木をかついで歩いてる夢だ。

彼らは歩きながら歌を歌ってるようだった。風に乗って流れてくる歌声は合唱になっていて「アヴェマリーアー……」と繰り返しながらひたすら歌い続ける彼らのハーモニーだった。しかし私の知ってる「アヴェ・マリア」ではない。なんだろう、このメロディーは？

私は夢の中でしきりに考える。夢の中の若者に聞こうとするが、歌に終わりがなくいつまでも歩き続けるためになかなか声をかけられない。私は顔の見えない彼らのあとを一生懸命に追いかけて行く。追いかけて、追いかけて、どこまでも歩き続けるうちに、ふと目が覚めた。

目を開けて、私はしばらく白い天井を見つめていた。あのメロディーはまだ鳴り続けている。「忘れてはいけない」なぜかとっさにそう思い、まだだるい身体を起こして机に置かれた紙と鉛筆を手にとった。耳にこびりついたそのメロディーがイヤというほど鳴り続けている中で、紙にヨタヨタの五線を引くと取りあえず分かるていどの音符で、私はそのメロディーを書き留めた。

少しばかり安心して、もう一度布団に潜り込むと、再びそのメロディーがクレッシェンド（だんだん大きく）してきて、私は声に出してみた。

「アヴェマリーアー……」

それは、二〇一一年夏の頃、私はCD『アヴェ・マリア』を制作するために曲を集めていたときだった。東日本大震災の衝撃もまだ収まらない気持ちのまま、「私が今弾かなくてはならないのはアヴェ・マリア、アヴェ・マリア」と念じるように思い続けながらさまざまなアヴェ・マリアを探しているときでもあった。だからなのか、とも思ったが、いやしかしだからと言って、まったく知らないメロディーがこんなにはっきり夢に出てくるなんて、不思議でたまらない。

グノーやシューベルト、カッチーニ、サン＝サーンスなど「アヴェ・マリア」という曲はさまざまな作曲家が残している。

記憶のどこかにひっかかっていた、誰かの「アヴェ・マリア」なのだろうか……。

私は、普段から頼りにしている銀座ヤマハの開店時間を待ち、楽譜売り場に電話をした。

「もしもし～」と出てきた優しそうな声の女性に向かって、「楽譜を探している曲がある」と告げた。

「何の曲をお探しでしょうか」と言われるや否や、すかさず私は受話器に向かってあのメロディーを歌い出した。

「アヴェマリーアー、ラララー、ラララー、ラララララー、ラーラーラララララーラア～、っていう曲を探してるんですけど」

しばらく沈黙が続いた。

受話器の向こうで、笑ってるのか、あきれてるのか、驚いてるのか……。ここはひるんではいけない、と私は再びあのメロディーをできる限り音程を正確に、もう一度歌った。

「アヴェマリーア～～！　ラララァ～～、ラララ～～！」

歌い終わると、受話器の向こうから、一呼吸おいたあと、冷静な声が聞こえてきた。

「お客さま。まずは、アヴェマリアと歌ってらっしゃいますので、おそらくアヴェ・マリアの曲ではないかと思うのですが……」

「ですね、ですよね」

そうなんです、でも作者が分からないのだ。

「調べていただけませんか？　ぜひ探していただきたいんです、すみませんがどうしてもお願いします！」

たたみ込むように、追いすがるように、私は懇願した。

「お探し致しますので、少々お時間をいただきます。電話を切ってお待ちください」

「ああ、もちろんそうですよね。時間かかっても私の方は一向に構いません、本当にすみません」

そう言うと名前を告げて私は電話を切った。

名前を告げた瞬間、電話の女性は「アッ！」と発し、次に「フフッ」と笑い声を漏らした。恥ずかしいと思ったが仕方ない。第一そんな曲が本当に存在するだろうか。存在しない曲を、時間をかけて探していただくなんて迷惑この上ないことだ。

さまざまな思考が頭の中を交差しながら時間が過ぎていく。


電話が鳴った。

飛びつくと、楽譜係の女性からだった。

有ったのか、無かったのか、耳を押し付けて聴く受話器から、女性の声が歌い始めた。

「ラララララー……。ですよね!?」

そうです、それです、ありましたか？

興奮交じりの問いかけに、明るい笑い声で見つけたことを答えてくれた。

早速購入してＣＤに入れる曲にしようと決めた。

夢の中で鳴り続けたメロディーは三〜四部合唱のアカペラだったのを思い出した。しかも暗い夜道、数人の若者の歌声はどこか哀しげに空中をさ迷うようだった。これは、無伴奏で弾かなくてはならない。あの雰囲気を出したい私としては、重音を駆使して素朴なメロディーラインをシンプルに出したい。果たして……、工夫しながら、レコーディングすることとなった。

さて数カ月後である。CD『アヴェ・マリア』が出来上がった。

いつも、最初の見本盤は母に渡すことにしている。

当時、闘病中の母は入退院を繰り返しながら病気と闘っていた。そんな母に『アヴェ・マリア』のCDを渡すと母は早速聴き始めた。決して誉めることのない辛口の母の感想を聞くべく、私は母の後ろに身を潜めてCDを聴く後ろ姿をじっと見つめる。

あの「アヴェ・マリア」は一番最後に入っている。その最後の曲まで母は一言も発することなく、傾聴している。一曲終わるごとに「フッ」と軽い息を吐きながらブックレットにチラリと目を落とすだけだ。

しかし最後の「アヴェ・マリア」（アルカデルト作曲）が始まると、明らかに様子が一変した。身体中をアンテナにするように少し背筋を伸ばすようにして椅子に腰掛け直し、フレーズごとに天井を見上げるようなしぐさをする。

母に異変が起きたのだ。

その理由をすぐにでも聞きたいが、話しかけられるような空気ではない。

無伴奏で弾いた「アヴェ・マリア」の音が全て鳴り止んだ時、母が後ろを振り向いて私に言った。

「真理ちゃん！　あなた、よく覚えていたわね！」

聞けば、母は青春時代、クリスマスになると大きなモミの木を仲間と一緒に担いで教会まで歩いたという。幼い頃に洗礼を受けた母は、純粋に神を慕っていた。

「私が口ずさんでいたのは、あなたがまだ赤ん坊の頃のはずよ」

その時の思い出話を……、そういえば確かに私は昔何回か聴いたことがあったはずだった。母が最も燃えていた若かりし日に、仲間と共にさまざまな施設を慰問しながらボランティアをして回った幾つもの思い出――。

クリスマスの飾りつけのために毎年、モミの木を担いで歩きながら、歌った歌が、あの「アヴェ・マリア」だったのだと言う。

その思い出を胸に赤ん坊を腕に抱きながら口ずさむ母の姿が目に浮かんだ。まだ何も分からない私は、しかしそのピュアな魂を、細く小さな歌声を通して受け止めたのに違いないと思った。

私の魂に刷り込まれたあの切ないメロディーは、母の大切な忘れ得ぬ思い出そのものだったのだ。

私を救ったあの時の本

これまでの人生、本にはだいぶ助けられてきた。

ある時はほとんど本を先生のようにしていた時期もあった。

本はジャンルを問わず手当たり次第に読むタイプである。ステージ上での自分のコントロールの仕方はビジネス書、人の心理を探るために心理や哲学の本と、時代ごとに自分の欲している答えやヒントを本に求め、ずいぶん活用してきた。

人生最初にして最大の危機、ヴァイオリンをやめようと思うほど苦しんだ十代の終わりに読んだのが、『社会的世界の探求――社会学の視野』（一九七七年、慶應義塾大学出版会）という本だった。

慶應義塾大学に入学したころ、山岸健先生の社会学に興味を持ち、講義を受けていた。その授業のテキストがこの本だった。

そのころは、「日本人音楽家として西洋音楽をどう理解したらよいか」から、「なぜ人は音楽をするのか」というところまで悩んでいた。

先生の講義によって、人間の価値観、いろいろな角度から物を見ることの必要性を教えていただいた。悩みからずいぶん救われた。今でも折に触れて読んでいるが、非常に面白い本だ。

例えば、一冊の本を前にしたとき、見る方向（表裏）によって何の本か分かったり分からなかったりする。物事の見え方はそういうもの――異文化の人に対して、自分のメジャーで量っただけでは相手を理解できないと教えていただいた。先生は芸術方面の執筆も多い。

同時期、別の視点から助けられたのが、三浦綾子作品の代表作の一つ『氷点』（一九六六年、主婦の友社、のちに角川文庫）がある。

三浦作品は手当たり次第にほとんど全部読んだ。そして小説でありながらペンを片手に、感銘を受けた言葉にアンダーラインを引きながら、繰り返し何回も読んでいた。アンダーラインを引く箇所は日々変わる。心に響いてくる箇所は、その日のこちらの心の状態によって違う。それでもアンダーラインを引き続けると、至るところがアンダーラインで埋まっていくのだ。

彼女の魅力は飾らない表現で人間の内側にある汚い部分を汚いまま見せるところ。何より物語に起承転結がないところが好きだ。主人公が救われることがない。だからこそ逆に、読み手の心が救われるのだ。

『氷点』は幾つも悩みを抱えたまま……。それが、私の悩みに対して、そんなに急いで解決しなくてもいいよ、という声に聞こえて助けられた。この作品のラストも、ひとつの問題が解決したかと思うとすごい問題を突き付けて、突然終わる。あとは読者に投げかける終わり方がとても好きだ。悩ましいことがたくさんあってこそ人間の真実の姿。焦らずに落ち着いて取り組めばいい、と本の中からずいぶん励まされた。

大人になってから、今後の人生を生きる上で救われたのが、『クラッシュ』(二〇〇一年、幻冬舎文庫)だった。

カーレース中の事故で大やけどを負ったレーサー太田哲也さんの、奇跡の復活を描いたノンフイクションだ。

何があろうとこれ以上の悲劇はない。読めば自分の抱えている絶望のレベルが分かる。ひとりでも多くの人に読んでもらいたい、心からそう思える本だ。

二番目の兄明が映画版『クラッシュ』の音楽を手がけた関係で知った。

富士スピードウェイでの大事故から一命をとりとめたものの、そこからの復活劇はよくここまで、という壮絶なものだった。

この本の中には、幾つもの哲学があるように思う。第一に、生と死だ。何が「生きること」であり、どうなると「死ぬこと」になるかが、カーレーサーの視点で描かれている。

全身火傷《やけど》があまりにひどく、そこから再び生きることをちゅうちょする場面がある。考えられないほどの痛さ、さらにその火傷状態の皮膚を病院治療でこすられる場面で、太田氏は死んだ方がいいとさえ思う。さらにグチャグチャになってしまった自分の顔を初めて鏡で見たときの絶望。とにかく、さまざまな問題が彼を苦しめ、生と死を考えてしまうのだ。

この本の中にある感動は「愛」の場面だ。家族との愛、友人との愛、改めて、「ああ人間っていいもんだなあ、生きるってやっぱりすばらしいじゃないか」と、胸が熱くなる。私は涙でグシャグシャになりながらこの本を読んだ。

〈私のがんばりなんてまだまだ〉という思いと同時に、〈乗り越えられない悲劇はない〉と思わせてくれた。

グラッペリとユーミンの世界

クラシック演奏家は、クラシック以外の音楽は聴かない、と思われているところがある。クラシック界にはもちろんさまざまな人がいるわけで、クラシック音楽以外まったく興味を持たない人もいる。だが私は、そうではない。

あらゆるジャンルの音楽を好きになっていったのは、恐らく兄たちの影響だろう。ジャズやロック、シャンソン、ソウル、ポップス、歌謡曲や演歌に至るまで、ジャンルの垣根なく我が家では常にさまざまな音楽が鳴りっぱなしだった。

その中でも、私の人生に少なからず影響を持ってかかわってきた音楽がいくつかある。

まずはステファン・グラッペリがミルシテインと共演した音源だ。

ヴァイオリンといえば一二〇パーセントクラシックだという意識が、この音を聴いた瞬間から変化した。変化したからといって私の場合、例えば一気にジャズヴァイオリンに魅せられていったという訳ではない。逆に、何がクラシックなのか、クラシックヴァイオリンの魅力はどういうところか、私はクラシック音楽の何を追究していきたいのか、そんなふうにクラシックへの興味がより深く変わっていったのだ。

だからステファン・グラッペリには感謝している。

さて、次に私がカルチャーショックを受けたのが、ユーミンである。

あれは私が大学に進学した頃だったと思う。

親友と二人でニューミュージックなる分野に興味を持ちはじめていた。その中にユーミン（松任谷由美）があった。何よりユーミンの歌詞にはしびれた。こんな表現があるのかと、いや、こんなふうに表現してしまっていいのかと、私は度肝を抜かれた。

その奇抜なまでに言い当てた歌詞と、切なくクールなメロディーに私はすっかりはまってしまった。夜となく、朝となく、疲れきった心をユーミンの詩に預けた。ユーミンの世界は蜃気楼のように美しくうつろうイメージが、次々に展開する。心が揺さぶられ、イメージを広げ、私の知らなかったまばゆい世界が私を幸せにした。

一曲ずつまったく違う世界、その中で展開されるドラマの主人公になり、熱い恋をし、切ない失恋を味わい、楽しくはじけ、大人のムードに酔いしれる。

それまでひたすら真面目に練習に明け暮れていた私にとって、ユーミンは私を広い世界へと誘い、多様な夢を見せてくれる。

「音楽とはこういうものだ」ふとそんなふうに感じるようになった私は、自分がいかにそれまで、四角四面の教育的音楽を音にしていたかを痛感した。

音楽は、聴く人に夢を与えなくてはならない。

音楽は、聴く人の心の中に入っていかなくてはならない。

音楽は、そこに無限なるイメージの世界が展開されるものだ。

音楽によって聴く人の心が奏でる人の心と同調して、共に揺れ動くものなんだ。


私は、なんかうれしくなった。

「音楽は、難しい緊張を要求しない」と感じたとき、身体中からこわばったしこりがするりと抜けていくような感覚を得た。

ワクワクするほど喜ばしい予感、それを携えて、私は再びヴァイオリンケースを開けた。

背中にサインして！

二〇一一年三月一一日以降、年に二〜三回、被災地ボランティア演奏ツアーをして回る。一回のツアーでは十カ所ほどの慰問になる。仮設住宅や仮設集会所、老人ホーム、児童施設、保育園、幼稚園、小学校、中学校や高校……、ほとんど仮設の建物ばかりだ。

今回、夏（二〇一四年）のボランティアは宮城県の秋保《あきう》や女川《おながわ》、石巻だった。

もう三年半経っているのだ。

いくらなんでも、少しくらいは復興されているだろうと思い込んでしまっている遠くに住まう人間は、被災地を訪れるとたいてい言葉を失うのだ。

今回も、いまだに過酷な仮設住宅に被災されている方々のあまりの多さに、改めて驚いてしまう。もう少しなんとかならないものだろうか？　三年半以上も経つというのに、復興の活気が見えてこない。このような仮設住宅では、今まで耐えてきたこと自体がすでに常識を超えていると言わざるをえない。あまりに狭く、あまりに簡易で、寒さ暑さも限界を超え、外の音も隣の音も筒抜けだ。

さらに、仮設住宅を転々としなければならない人も少なくないため、なかなかコミュニティーが作りにくいという。コミュニティーが作れなければ、助け合いもできない。それは物質的な側面だけではなく、いやむしろそれよりもっと「心の助け合い」が必要になっているのに、それができなければ被災された方は耐え難い孤独感に追いやられてしまう一方だ。

猛暑の今は、冷房も利かないほどの苦しい空間に身をおく。冬の厳しい寒さの日には暖房もストーブも意味をなさない状態である。

ボランティアツアー三日目、ボランティア演奏の準備を助けてくださった男性の方がポツリと語った。

「それでも自分たちで互いに助け合わないと、生きていけないです。人間ってのは」

その方は目の前でご自身の幼子三人が津波にのまれた。自身も濁流に流され必死の思いで材木にしがみつき奇跡的に一命をとりとめた。すぐに近くの流されている人を助けながら、幼子の名前を叫んだという。

そんな話は行けばいく場所で、静かに語られる。

被災された方のほとんどは「目の前で、助けたい人が津波にのまれた」というつらい経験を持つ。人々は目に涙を溜めながらも、口元に笑みを浮かべようと努力する。

こんなやるせないことはない。

女川も石巻も、もぎ取られた景色が目立つ。不思議に広がる果てしない空白。空き地に草は生え、所々に花が咲く。

唐突に存在する建物は、よく見ると横倒しになったまま放置されたアパートか、それがそこに倒れたまま有るのも悲しいし、無くなるのもまた悲しい。

私たちは、仮設の畳部屋に持ち運び用の電気ピアノを運び入れ、その横に立って私はヴァイオリンを弾く。八畳の狭い部屋に三十人ほどの方々がぎっしり座り、ひしめき合うように立って聴いてくださる。

流れる汗を拭く間もなく音楽を奏で、ふと見るとすぐそこにあの男性がいた。ボランティアの手伝いをしてくださったあの男性が、かわいい幼子を亡くしてしまったあの男性が、正座をして私の足元に座っているではないか。両手の握りこぶしを膝の上に置き、下を向いて微動だにせずじっと聴いているその姿が胸に刺さった。よく見ると真っ赤な顔に涙が筋になって、膝に置かれた握りこぶしの上にこぼれ落ちていた。

この方々は、こうやって耐えて来たのだ。この長い月日、長すぎる時間、先の見えない不安、絶望と戦うように、自らの握りこぶしを見つめながらこうやって……。

演奏が終わって、次の慰問場所に行こうとしていると、一人の年配の女性が追いかけてきた。

「紙も何も持ってないから背中にサインして！」と、背中を丸めて私に向けた。

戸惑ってしまった。その女性が着ていたのは、例えばTシャツとかの類いではないのだ。今日の「コンサート」のために特別に出して着た上等なブラウスだったのだ。

たじろいでいると、側にいたお仲間の方が私を促した。

「さあ、書いてあげてくださいよ。千住さんのサインが今日からこの方の励みになるんですよ、大きく書いて！」

私はサインの横に「頑張って」、と書き添えた。そんな言葉よりもっと適したメッセージがきっとあったはずだ。移動の間中、なんで「頑張って」なんて書いてしまったのか、後悔した。とっさに浮かぶ言葉とは、そんな言葉しかなかったのだ。

多くを後悔し、多くを学び、今回もまたボランティアツアーが終わった。

旅の大失敗

四十年もコンサートツアーをやっていれば、大抵の場所には行っている。それだけでなく、新幹線や飛行機など、何百回も乗っているわけだ。慣れたものだ。

先日は、東北の方へ、テレビ番組の収録のために出向いた。

青森県の八戸での撮影が、早朝から計画されていたため、前日の最終新幹線で八戸へ入っている必要があった。

テレビスタッフの方々はもっと前に八戸に入り、先に取材を始めている。そのため、後から入る私はヘアメイクスタイリストの女性と二人で、東京駅から新幹線に乗り込んだ。

最終列車だということで、八戸に着くのが夜中になってしまう。テレビスタッフの方はそのことを心配してくださった。

「夜遅い時間に、女性お二人だけで大丈夫ですか？」

ご親切な心配を、しかし私はむしろムッとしたように答えてしまった。

「大丈夫ですよ、こんなこと慣れています。いつもは独りだけど今回は直美ちゃんと一緒だし、何も心配要りませんよ」

直美ちゃんというのは、ヘアメイクスタイリストの女性のことで、彼女とは四半世紀の付き合いだ。慣れた新幹線に慣れた相手との小さな旅気分、多少気分も高揚し、楽しいロケになりそうだなと予感した。

私は、珍しくひとり旅ではないことがやけにうれしく、東京駅でお弁当とちょっとしたおつまみをいくつか買い込んだ。直美ちゃんが隣の席に座るはずだから彼女とこれを食べよう、久しぶりにいろいろな話もできる、と学生時代を思い出すような気持ちだった。

新幹線に乗り込んで待っていると彼女が乗って来た。

彼女より私の方がきっとこういった旅は慣れている。だから私が先導してホテルまで行こう、と何となく姉御気分にもなっていた。

楽しい会話、懐かしい昔の思い出話も次から次に思い出す。

東京から八戸までの約三時間はあっというまに過ぎた。

「二人で話していると早いね〜、もうそろそろ着いちゃうよ！」と言いながらも、私たちの話は尽きず、次から次に話題は出てくる。何といったって二十歳そこそこからの長い付き合いだ、話は有り余るほどある。

降り支度をしながら、話に夢中になり、新幹線が駅に着いて私たちは慌てて飛び降りた。

「ほらほら八戸に着いちゃったよ！　忘れ物ないね!?　降りるよ」

先導して降りた外は、すでに暗くもの静かな夜更けになっていた。

「テレビスタッフの出迎えはないのかなあ」と彼女がポツンと言った。

「そんなのあるわけないじゃない！　私なんかいつもこんな感じで独りよ。出迎えなんて滅多にないよ」

と私は言いながら改札口に向かった。

彼女と一緒でよかった、としかし内心安堵していた。何しろ人気がまったくない。こう誰もいないとさすがに心細い。

改札口につくと、私たちは一度立ち止まり、念のため辺りを見回した。やはり誰も来ていない。

「誰も出迎え来てないね……、テレビのときはたいてい出迎えあるのだけどなぁ～」

彼女は残念そうに言ったが、私はそんなことはそもそも期待してなかったのだ。

「ほら！　私の言った通りでしょ。来ているはずないよ、いこいこ。もう遅いし、明日早いし。ホテルも分かってるんだから」

私はタクシー乗り場を目指し彼女を促した。

私たちはそこにポツンと止まっていた一台のタクシーに乗り込んで、ホテルの名前を告げた。どの町にもあるような一般的なホテルの名前だったので、当然迷う心配もなく、真夜中の暗い道をタクシーは急ぎ、すぐにホテルに到着した。

真夜中だったせいか、町並みは灯りもないことでこぢんまりと感じられた。

私が昔から知っている八戸とは一回り小さくさえ感じられたのが、不思議な気持ちでいた。

さて、ホテルに着くと、自分の名前を告げる。

気の短い私は、即座にサササッと鍵が用意されないことにイライラするのだ。フロントの初老の男性が名簿を見ながらまだ名前を探しているようなので、私は口を挟んだ。

「あの〜、千住と稲垣、なければNHKです。たくさんいるでしょ、NHKの方たち。そのグループですから」

それでもモタモタしている。

「じゃなかったら、スタッフの○さんの名前、あるでしょ？」

私たちの名前で取ってないのかもしれない。

しかし、フロントの男性は首をかしげて困っている。

困るのはこっちだ。だいたいないはずがない。万が一ないなんてことがあったら、私たちはいったいどこに泊まれというのか。それとも私たちがホテルの名前を間違えたか？

私は急いで、スケジュール表を鞄から出した。ホテルの名前を確かめると確かにホテルはこのホテルだ。間違いないのだ。

「ほら、ここにこう書いてあるでしょ」

フロントの男性にそのプリントを見せた。

すると、男性はしばらくじっとそのプリントを見てから小さな声でつぶやいた。

「はちのへ……」

「そうです、八戸のこのホテル、間違いないでしょ!?」

するとまた、そのフロントの男性が、こんどは私の顔を見て言った。

「はちのへ……」

そうです。でしょ？

「いや、ここ、はちのへじゃなくて、にのへ……」

「……？」

「二戸《にのへ》ですよ。ここは八戸《はちのへ》じゃないですよ」

こんどははっきりした声で、男性がそう言った。

私は彼女と顔を見合わせた。

いったいどういうことか。何がなんだかサッパリ訳が分からなかった。

「だって私たちは、新幹線の八戸で降りてから、タクシーに乗って、このスケジュール表にあるホテルの名前を言って着いたんですよ!?　タクシーで五分ぐらいで着いたんですよ!?」

私がそういうとフロントの男性は「タクシーで五分なら二戸の駅からでしょ」

また理解不能なことを言われた。八戸で降りたのに、「二戸駅から来ただろう」ってどういうことか。

「二戸!?　だって、新幹線二戸に停まりましたっけ!?」

「停まりますよ。二戸の次が八戸ですよ」

「……！」

話が、やっと見えてきた気がした。

「だったら、私たち二戸で降りちゃったの？」

私たちは顔を見合わせた。

「じゃあタクシーはなぜこのホテルに着いたの？　私たちはこのスケジュール表にあるホテルの名前を言っただけなのに!?」

「うちのホテルも八戸と同じ系列のホテルです。だから名前も同じです」

「………!!」

謎が解けたことと、大変なことになってしまった驚きに、私たちは目を合わせたまま、大きな声を出して笑ってしまった。

ちょうどその時、スタイリストの彼女の携帯が鳴った。どうやらスタッフがひどく心配して電話をしてきたようだった。

「八戸駅に出迎えに行きましたが、乗ってらっしゃらなかったようで……。いまどちらにいらっしゃるのですか？　まだ東京なんですか？」

どうやらスタッフの方々の間では千住と稲垣が行方不明、と大騒ぎになっていたようだ。

さて、困ったのはそれからだ。

すでに二十四時近い真夜中、私たちは何とかして八戸へたどり着かないとならない。この真夜中ではタクシーしか手段がないが、果たしてタクシーでどのくらいの時間と料金がかかるのだろう。

「タクシー！　そりゃ大変なことです」

と、フロントの男性は目を丸くした。山を越えなくてはならないので、時間にすれば二時間以上、料金では二万はかかるだろうと教えてくれた。しかし、私たちのホテルは八戸に予約してあるのであり、この二戸には予約してないのだ。

まず泊まる場所がない。ちょうどねぶた祭りのシーズンで観光客が多いためホテルはあらかた満室だと聞いていたのだ。

「ここ満室ですよね……？」恐る恐る訪ねると、フロントの男性は満面笑みをたたえながら「一部屋だけならありますよ。ツインだからどうですか」と答えてくれた。

　私たちは跳びはねて大喜びした後、何度も何度もフロントの初老の男性にお礼とお詫びを言って部屋に入った。

　人を疑うものではない。自分が間違えていたくせに、間違いに気がつかぬまま、初老の男性を責めたり疑ったりしてしまった。おまけに「スタッフがちゃんとホテルを予約しなかったのではないか」など、手当たり次第、人を疑ったのだ。実に申し訳ないことであった。

　めでたく寝る場所を確保できた私たちは翌日のプランを立てて即刻床についた。

　翌日の早朝、朝イチの新幹線で八戸にたどり着いた私は、いつもよりおとなしくスタッフの指示に従い、すなおに仕事をする姿勢を保って過ごした。

　慣れたことが、一番危ない。それがこの日以来の教訓となった。

心に虹を

船旅の潮風

　船旅は、慣れないと怖いものかもしれない。それに、なかなか船旅をするチャンスも無いのが一般的ではないか。船旅なんて遠い世界の出来事、自分とは無関係だと思ってる人も多いに違いない。私もそんな一人だった。

何年か前に、そんな私に船旅のチャンスが訪れた。といっても、仕事がらみの話である。船の上でヴァイオリンを弾かないか、という話だった。

日本丸という客船に乗り、一時間くらいのミニコンサートをする。

〈酔ったらどうしよう〉〈海が荒れたら揺れるんでしょ？〉〈何泊するの？　途中で下船できるの？〉と、さまざまな不安と疑問が浮かんだ。

しかし、結局「二泊くらいなものだから」と言われ、恐る恐る横浜港から客船に乗り込んだ。

客船の中に入ってみると、予想をはるかに越えた規模の大きさにまず驚いた。

これはビルだ、ビルが海に浮かんでる、そんな衝撃だった。

なんと船の中にエレベーターもエスカレーターもあるのだ。いくつものレストランは、和食、フランス料理、中華、珈琲店、ラーメンやハンバーガーまである。プールもあるしエステサロンや美容室も……。

さらに寝泊まりする部屋は、普通に綺麗なホテルの個室であり、私のイメージしていた荒っぽくてワイルドな船内ではない、もはや浮かぶ一流ホテルであり何の不便もない。なるほど、これだったら何カ月もかけて世界一周も考えられる。

そんな訳で、すっかり安心した私は、やや揺れながらであったがコンサートも、困ることなく無事に弾き終えた。

レストランの食事は毎回、なかなか食べられないのではないかと思うほど質が高く、舌つづみを打つほど美味しい食事である。初回は、それでも緊張していたため、なかなか甲板に出る勇気もなく、あてがわれた部屋でじっとしていたのだが、それでもゆらりゆらりと揺れるだけでも目新しく面白かった。

慣れてしまえば懐かしく、また乗りたいなあと思っていると、たまたま次にも話があり、また二泊ということで今度は神戸港から乗船した。

二回目は、やや揺れたが、それも逆に心地よい。気晴らしに甲板に出てみると夕焼けに赤く染まる海面が幻想的にキラキラ輝く。下をのぞくとザップーンという柔らかな波の音と共にしぶきがゆっくり上がっては消える。

広い広い海原に包まれる安心感、人として自分の小ささに気がつく。ああ、こうして船旅にはまっていくんだなあと感じる。

当時、闘病していた母を連れて来てあげたかったなと思いながら、私はただただ波を見ていたあの日。この波を見たら、この潮風に当たれば、きっとおかあちゃまも健康が取り戻せるに違いない、と半ば祈る気持ちであのとき私は、海の上にいた。

三回目の海の上のコンサートは、その一年後くらいだった。母が亡くなってすぐだった。

「一度は乗ってみたいねえ」と、目をしばたいて語っていた母を、結局、私は乗せてあげることができずに終わってしまった。

青森港から乗船、日本丸が岸から離れようとしているとき、お囃子《はやし》が鳴り響き、踊り、唄われた。お見送りの行事なのだ。

少しずつ離れていく客船から紙テープが幾重にも投げられる。知る人も知らぬ人も、別れがたい情緒が行き交う。

船は何度も警笛を鳴らして応答する。

少しずつ遠ざかるお囃子が風に流され、海のしぶきに溶けていくとき、私はなんだか涙が流れて仕方なくなった。海風が、そんな私の頬をやさしく撫でていった。

手紙

小さい頃、私は母と手紙を書きあっていた。母は何かというと私たち子どもに手紙を書いたものだ。

大抵は説教だ。人間はこうあるべきだとか、女の子はああでなくてはいけないとか、そういう重たい内容を十枚、二十枚と手紙に書いてよこした。なので私たちは多少なりともそんな母の「癖」を疎ましく思ったものだ。

学校から帰ると机の上に分厚い封筒がパンパンに膨れ上がって置かれている。「ウワッ!!」と思う。まるで道すがら狂犬に出くわしたように……。

さて、母の晩年、私はあらためて母と手紙を交わした。母が亡くなる二カ月前までそれは続いた。

末期のがんが見つかったことがきっかけだった。

考えてみたら真面目に母と向き合った手紙はなかったかもしれない、と焦燥感を覚えた。

末期がんに侵されていた母は、私に向けた手紙を「シャンとした字で書かなければ」と言いながら毎回何度も書き直していたようだった。次第に痩せ細っていく母は、その手でしがみつくように鉛筆を握りしめる。しっかりした字が書けるまで何度でも、書いては丸め、書いては破りしながら一文字ずつ文字を綴っていく母。初めは照れ臭くて、どんなふうに書いたらいいのか迷いもあったが、そんなてらいはすぐに消えた。

私が母に聞きたいこと、それはまだまだたくさんある。何も話をしてこなかったような気がする。だから「おかあちゃま、書いて！」私に、手紙を。そんな思いが私の中に充満した。

手紙は不思議だ。嘘は書けないものだ。

心の底からの深い思いが次第に文字になり、心の底にある大切な想いが互いの心へ届くようになった。

手紙を書きながら「こんなに近いはずの親と、実はほとんど気持ちの交流をし得てなかった」と思い知らされる。悩み、告白、相談など、芸術について、生き方について、ヴァイオリニストとは……、私はさまざまな想いを手紙に打ち明けた。

一方、普段は決して弱音を吐かない母だったのに、手紙の中で徐々に不安な心を私に見せるようになっていった。怖い、寂しい、頑張れない、まだ死にたくない……。問いかけとも独り言ともとれるような文を、時には散文のように、時にはポエムのように文字にする母。そんなことを感じていたのか、そんなに悩んでいたのか……。

普段はすぐにふざけて冗談で笑い飛ばし、深刻な相談もはぐらかす母。しかし、その心の奥のデリケートな柔らかいものが深く傷ついていたのだ。

次第に〈母〉としてではなく〈一人の人間として〉〈一人の女性として〉手紙を交わし合うようになっていった。私たちは、母娘は、この親子は、やっと互いに近づいていくことができた。

母が亡くなってから、書き捨てた手紙を幾つも見つけた。その文字は乱れてはいるものの筆圧が強く何かを訴えようとしている。言葉以上に伝えようとする熱い想いが迫ってくる。

「ああ、手紙って素晴らしいなあ」と、私は感じる。

パソコンがどんなに便利になろうが、紙とペンを持つことを、私は忘れたくない。

ペンで文字を書きながらふくれあがる想い、その時間こそが相手を想うかけがえのない時間なのではないか。

母の夢

母が他界してから、「人は死んだらどうなるのだろう」、という疑問が常に頭から離れない。今生きてる人はもちろん誰一人として完全に死んだことはないのだから、人は想像でいろんなことを言う。だからさまざまな説が生まれる。

「天国がある」や「あの世で暮らしている」とか、「空気のようにこの辺にいるのだ」とか、「いやまったく人は死んだら何もなくなるんだ」とか。

私はどの説も否定はしない。どれもあるかもしれないし、しょせん想像にすぎないのかもしれない。どれかひとつを確信するわけでもなく、日によって、その辺に居るような気がするときもあれば、いや、居て欲しいと切願するときもあるし、ふと「すべてが想像にすぎないのだ。死んでしまったらもう何もなくなるんだ」と、ものすごい喪失感が襲ってくるときもある。

それでも時には幸せな気持ちに包まれるときがある。それは「夢を見た」ときだ。

実はかなり頻繁に母の夢を見る。

母は夢の中で、ごく当たり前に隣にいて、私は母と至極当然な気持ちで日常的会話を交わしている、そんな夢が多い。大抵は一緒に何かを食べているのだ。母は食いしん坊だったから「まだまだこの世でいろんなものを食べたかったんだろうな」と、夢から覚めると思う。

一緒に旅行している夢もしょっちゅう見る。

外国だろうか、知らない土地の知らない人たちに混じって、歩いたりホテルにチェックインするような夢だ。印象に残る不思議な夢も幾つか見ている。

例えば、私は母と二人でボートのようなものに乗っている。海のようなところに浮かんでいるが、それは海ではない。周りは静かで暗く音もなく、ここは宇宙だな、と思ってる。私と母はその小さなボートで、滝のような滝ではないヌメッとしたものを下から上へと昇る。登ったあとはフワフワと、どこへ向かうでもなくその辺に浮かんでいるのだ。周りを見渡すと真っ黒なのだが、まったく怖くはない。

フワフワ浮遊しているうちに、「どこか」に帰らないとならないと私は思い始める。気がつくと、私は何かの列に並んでる。どうやら「帰る」列らしい。母を探すと、列から少し外れた場所でこちらを見ている。

「どうしたの？　こっちに来て、一緒に並ぼう」

母は顔を横に振って、「私はあっち」、暗い方を指差して悲しげに笑う母。寂しく悲しい中で手を振り、私はエスカレーターに乗ってどこかへ降りて行く、そんな夢だった。

このような強烈なインパクトのある夢は忘れ得ない。

また夢が見たいなあと願いながら、私は夜、疲れた身体を横にする。

こころざし、生きる道

人間が生きている使命というのは何なのか……。

どうしても考えがそこにいく。

二〇一五年一月末日、「イスラム国」（ＩＳ＝Islamic State）と名乗るシリアの過激派組織に日本人二人が拘束され、しかもネット上にオレンジ色の服を着せられた日本人二人がひざまずく映像が配信された。殺害警告なるものが流れたのだ。

日本中に震撼が走った。まさか、日本人がこのような形で巻き込まれるとは、大方予測だにしなかっただけに、大変な精神的衝撃を受けた我々日本人は混乱を巻き起こし動揺した。一人は湯川遥菜《はるな》氏、一人は後藤健二氏。独特のオレンジの服を着た二人の日本人が、真ん中に立つ黒装束の男に刃物を突きつけられているおぞましい映像は、何度でもわが目を疑う思いだった。こんなことがあっていいのか。

「戦争をしない国」として、七十年間戦争を放棄してきた日本に……。

安倍晋三首相が悲痛な表情を浮かべ「テロには屈しない」と語るニュースが流される。同時に「人命第一だ」とも語る。安倍首相の苦悩が垣間見られる、と同時に我々日本国民も、わが苦悩としてとらえる事件だ。

首相の「ＩＳへの軍事作戦に対しての後方支援二億ドル（約二百億円）」というカイロでの発言が発端のようだ。

そんな中において、この二人のうちのひとりである湯川氏が「二億ドルの身代金を支払わなかった」というあり得ない理由によって、殺害されてしまう。

むちゃくちゃな話だ。私はインターネットを一切やらないためＩＳから配信されたメッセージをそのまま見ることはしなかったが、テレビニュースでほぼ繰り返し映像などが流された。ネット社会の昨今、ネットを使うからこそ発生したとも言える殺害予告や、脅迫メッセージ。

ジャーナリストの後藤氏は拘束される前に、ビデオメッセージを撮っている。「この先自分の身の上に何が起きようとも、責任はすべて僕自身にあります」という内容だが、ここまで彼に覚悟させたものは何だったのだろう。

そもそもその後藤氏は、危険な地域に出向いては、そこで生活している子どもたちに目を向けた人道的な取材が有名だった。(『ダイヤモンドより平和がほしい』『もしも学校に行けたら』『ルワンダの祈り』汐文社)

戦場にいる子どもたちのささやかな笑顔や小さな幸せ、悲しみや寂しさ、戦争の悲惨さを伝える後藤氏、彼の取材を受けた子どもたちは皆、後藤氏の優しさを口にし、彼を慕う。正義感と幅広い愛情からなるそのポリシーは後藤氏の根底を支えている。であるがゆえに大きく強い志《こころざし》を持つ彼の人生は過酷なまでに危険と隣り合わせであったのだ。その後藤氏も、過激派組織集団の手によって、殺害されてしまうという耐えられない現実を我々は突き付けられた。

彼が進んで危険な地域に行った理由のひとつに、先に拘束されていた湯川氏を助けたいという思いでＩＳなる占領地区へ飛んでいったのだという。揺るぎない正義感からきている彼の行動は強い信念がその礎になっている。ジャーナリストとしてのポリシーを貫く姿勢が後藤氏は実に強かった。命をかけた行いが天国と地獄の狭間に彼を常に立たせていたのだ。

命懸けで立つ「生と死の狭間」に続く道——。それが後藤氏の「生きる道」だったのだ。

私は街並みにふと目を向けた。

都会を歩く人、ひと、ヒト。大勢の老若男女がごった返す街並みに、各々の人生がうごめいている。この人々、一人ひとりが何を思うか、どんな志を抱いているのか、どのような運命と出会い、いかなる人生を歩くのか、と考える。後藤氏のように危険な運命に飛び込んでいかざるを得ない志を持つ人間も、この中に、いるだろうか。あるいは危険ではなく個人的な夢を志に持つ人もいるだろう。


私はどうか？

私は音楽を奏でる、という人生テーマを持つ。危険でもなんでもない。

しかし、特殊な緊張感にさらされる日々ではある。だから一般的な生き方とは、また違う特殊な人生だ。

また、同じ音楽家でもソリストとそうではない演奏家とは、また違う。さらにソリストの中でもさまざまだ。活動を中心に人生を組み立てる演奏家、一方自身のプライベートの方を中心に人生を考える演奏家。

私は偏っているほど演奏家生活を中心に人生を考えているヴァイオリニストだ。

例えば、私はアニバーサリーイヤーごとに、無伴奏イザイ全曲演奏会、無伴奏バッハ全曲演奏会を行う。全曲暗譜により一晩で弾ききるというコンサートは、相当緊張感もありストレスもあるだろう。しかし人々が必ずしも喜ぶような気楽なコンサート、聴きやすいコンサートとは言い難い。内容が非常にコア（深く濃い）であり、聴く方もかなり疲れるに違いないのだ。別に誰に頼まれた訳でもないのに、やらなければやらなくてもすむことであるのに、なぜ私はこんなことをすると決めたのだろう、と考える時がある。

分からないが、ここに志を置いてしまった。私の人生において、私は、自分が弾けなくなる寸前までこれをやる、と自分に約束してしまった。

別にもう少し楽なヴァイオリニスト人生を考えても良かっただろうに、なぜだか私はこの過酷な人生プランを設計してしまった。そしてそこに使命をすら感じてしまった。これは私のライフワークだと位置付けている自分がいる。

このところ戦闘による難民のニュースなどが頻繁に報じられている。

美しい青空、たなびく夕焼け雲、いつでもどこでも子どもたちの明るい元気な声を聞いていたい。

後藤氏は大変な志を持って人生を歩いてしまった。引き返せないオンリーワンの人生、「神は耐えうる人に耐えうるだけの運命を与える」というが、あまりに彼は神に見込まれ過ぎたのか、過酷な人生極まりない。神はいるのか？　と疑問符を投げ掛けざるを得ない。

人間の生きる意味はなんだろう。みんな何のために自分は生きている、と思っているのだろう。

温かい温泉に入って美味しい海の幸や山の幸を楽しみ、のんびりと平和に時間を過ごす……。そんな人生もあるではないか。そんな穏やかな幸福のひとときを、神は彼に与えないのだろうか、と不思議でならない。

私の空には、いつも一つの星が輝いている……！

Ⅳ

演奏家のサウンドスケープ

第一回講座

マイヒストリー〝私と音〟

みなさんこんばんは。千住真理子の講座『クラシック音楽を100倍楽しもう』（慶應MCC）にようこそ。今日本では地震があったりして、私たち演奏家もこのような時に何ができるのか、クラシック音楽って一体何だろうかと、根本的な部分に立ち返りたいと思います。

悩んでいる時や、傷ついた時にクラシック音楽を聴くと、元気がわいて、やさしい気持ちになります。いいクラシック音楽は、人間が本来持っている素晴らしさを取り戻させてくれ、人生におけるひとつの味方にさえなってくれます。

今日は、私と一緒に時間を過ごし、お互いが交流することで、皆さまと少しでも何か心が解け合うものがあればいいなと思っています。

それでは、第一回「私と音」についてお話しさせていただきたいと思います。

〈数学者の父に勧められた練習の円グラフ〉

私たちが演奏するヴァイオリンがフルサイズとすると、2分の1、4分の1、一番小さいのが16分の1といって、本当にミニチュアのおもちゃのようなものです。私はその16分の1から練習をしました。練習をしたというか、おもちゃだと思って遊んでいただけだと思います。それが、二歳三カ月というまだ赤ちゃんの頃でした。

私の父は経済性管理工学という数学関係を勉強している学者でした。母も、結婚するまでは、製薬会社で薬を研究するためビーカーで化学実験をしていた人なので、まったくクラシック音楽のことは何も知らない人でした。

なぜこんなにと思うほどまったく練習らしい練習をしていなかったので、幼稚園時代の私は下手でした。

当時、私は教育者であった鷲見《すみ》三郎先生のもとで教えていただいていました。少し前まで活躍なさっていた日本におけるヴァイオリニストの先輩方のほとんどが鷲見三郎門下だったというくらいに素晴らしい先生です。

小学四年の時に全日本学生音楽コンクール（ヴァイオリン、小学四〜六年生の部）があって、同年代の友達はみんな上手な子ばかりでしたが、「一緒に出よう」というので、鷲見先生に運動会にでも出るように「コンクールに出たい」と。最初先生は笑われて、その後に「まあいいでしょう。にぎやかしに出てごらんなさい」というようなことを言われました。

鷲見先生の門下では、月に一回、コンサートホールを借り切って、同じ曲を皆で順番に弾くという練習がありました。そこで力量が分かるわけです。初めの集まりの時は、友達のご父兄もニコニコ笑って「あら、真理子ちゃんも出るのね」「まあ、かわいいわね」といった感じで頭を撫でてくれました。私の下手くそな演奏もニコニコ笑いながら見てくれていました。これは子どもながらに「バカにされている」というのがよく分かりました。とにかく上達したい、うまくなりたいという気持ちが一気にわいてきました。

数学者の父に、どうやったらうまくなるのかと相談しました。すると父は数学者らしく、「円グラフと折れ線グラフを書きなさい」と言うのです。なぜこれがヴァイオリンに関係あるのだろうと思いながら、円グラフを書きました。その円グラフは一日二十四時間をどう配分するか――寝る時間、ヴァイオリンを練習する時間、学校の宿題をする時間、食事をする時間、お手洗いに行く時間、お風呂に入る時間も書くのです。これを細かく二十四時間、円グラフにします。折れ線グラフには、一日何時間練習したかを書いていきます。それを我が家の壁に貼ると、朝昼晩と食事をするとで四時間のところに赤い横線を書きます。四時間以上を目標に頑張る、ということきに必ずそれが目に入るのです。すると「四時間のラインよりなかなか上に行かないな」ということを考え、円グラフを見ながら「もう少しヴァイオリンの練習をやらなきゃ」と、いつの間にか一日中ヴァイオリンのことを考えるようになる、という状況になりました。

さらに、ヴァイオリンを練習する時間の計り方についても、数学者の父は「緻密に計りなさい」と言って、私にストップウォッチを渡しました。ご存じのようにストップウォッチは三〇分で一回りします。ストップウォッチを押すやいなや練習を始め、「お手洗いに行きたい」と思うと、ぱっとストップウォッチを押し止めて、それでお手洗いに行くわけです。ですから本当に緻密に計った練習時間をグラフに書いていきました。そうして始めると、だんだんそれが面白くなってきました。

そして、「できないところ、弾けないところをどのように練習しようかな」というときに、私の通っていた小学校の担任の中山理先生もまた数学者だったのですが、私に「縄跳びをしなさい」と言われました。縄跳びは初めなかなかとべません。でも一生懸命練習していると、縄の底のほうが切れてくる。縄が完全に切れてしまうと、先生が新しいものに取り替えてくれる。そうすると先生がおっしゃいます。「縄跳びを一生懸命練習する人ほど、縄は床にこすれて減っていきます。縄跳びの縄が切れた人ほど上達します」と。すると皆必死になって、縄跳びの縄を切れさせようとして、中には一日中とんでいる友達もいました。

「どんどん縄がボロボロになり、それと同時に上手になっていく」

そのことが頭にあったので、ヴァイオリンの弦も切れるまで練習しようと、弾けないところを一〇〇回、二〇〇回、それでも弾けなければ五〇〇回、六〇〇回と練習するようになりました。自分でも驚くほどめきめきと弾けるようになっていき、月一回のコンクール練習でも、だんだん父兄の方たちが私に対して厳しい目を向けるようになり、そのうちに笑わなくなりました。以前なら必ず頭を撫でてくれていた女性が、ある日廊下ですれ違ったときに無視をするようになりました。

「やったな。これでやっと私は相手にされるようになった」と、子どもながらに思いました。そしてコンクールの仲間入りをしながら、必死に練習をしました。

〈氷水を入れたタライに足を入れての練習〉

夏休みのことです。我が家はお金がなかったためクーラーがなく、扇風機が一台ありました。その扇風機は「練習をしているときだけ使っていい」と言われていて、「では練習しよう」となります。でも扇風機をかけただけでは暑いので、母の思いつきで、氷水を入れた二つのタライに両足を浸けて練習をしました。それでも暑いので、ぎゅっと絞った濡れタオルを肩にかけ、そこに扇風機を当てたらとても涼しくて、それでヴァイオリンを構えて練習しました。

もうお気づきの方もいらっしゃるかもしれませんが、ヴァイオリンという楽器は木で出来ていますから湿度にたいへん弱いです。それなのに、濡れタオルの上からヴァイオリンを抱え込んで何時間も練習して、千住家というのは少し頭が弱い家族だったのですね（笑）。まだそのことが分かっておらず、必死に練習していました。

コンクールの予選当日、ヴァイオリンがバカバカと開くのです。母に「なんだか壊れてしまって変な音がする」と相談しました。すると母に「楽器が二つに剥がれたなら、音が二倍に出るかもしれないからいいんじゃないの」と言われ、私は「あ、そうか」と……（笑）。

壊れたヴァイオリンを抱え、全日本学生音楽コンクールを受けました。結果は第二位でした。同年代のお友達のお母様方は「偉いわね。よくあんなに頑張ったわね」と言って、またヴァイオリンの先生たちも皆褒めてくれたのですが、私は悔しくて仕方がなかったのです。どうしても一位がほしかったのに、二位になってしまった。

実はそのときの悔しさが、私をヴァイオリニストにさせたと言っても、まったく過言ではありません。夜、私は父の運転する車の後部座席に座り、家に向かう車の中で外の景色を見ようとすると、窓に自分の顔が映り、その目から涙がぽたぽたと落ちる。これが悔し涙というものなのかと、自分で自分の顔を見ながら。悔しい、来年こそは絶対に一位をとりたいと思いながら、私は家に帰りました。その気持ちは今でも心に残っていて、夢に出てくることがあります。

この時の悔し涙が、私を全国一位にしてくれたのです。翌年、同じコンクールに出て一位になりました。正直なところ、そのときの喜びというのはあまりなかったのです。

「ああ一位になってしまった」という呆気なさ。それまでは一つのものに向かって突っ走る快感というのが、一位になったときのむなしさを遥かに超えていたのです。

「私にはあの快感がほしかった。でも一位になってしまった」と、もうむなしくて仕方がない。次の目標が早く欲しい、「そうだ、プロのヴァイオリニストになろう、それが次の私の目標だ」そう思ってとにかくヴァイオリンを一生懸命練習する、その姿勢を崩すことはありませんでした。

〈十二歳のデビュー、江藤俊哉先生に師事〉

十二歳、小学校六年のときに、私はラッキーなことに、プロのヴァイオリニストになるというデビューのチャンスを得ました。クラシックの演奏家として十二歳でデビューするというのは非常に珍しいことなので、それからしばらくの間、「天才少女」と呼ばれるようになりました。初めの数年間こそは何かくすぐったいような、うれしいような、そんな気持ちがありました。しかしすぐにそれは重荷、プレッシャーになっていったのです。

十二歳でプロになったと同時に、ヴァイオリンの先生が江藤俊哉先生に替わりました。この江藤俊哉先生のレッスンの厳しさは尋常ではなかった。当時、門下生だったみなさんが、「レッスン室に入る前にはガタガタ震え、お腹がゆるくなり、お手洗いに何回も行き、手の震えが止まらなかった」と、同じことをおっしゃっているのを聞きました。

私も先生の指導を受けるようになった途端に、「あなた、天才少女と呼ばれているんだってね。それならいつも天才らしく弾いていなさい。あなたがもし下手になったらボクのせいになるんだからね」と言われました。それは先生なりのブラックジョークだったのだと思いますが、子どもの私にとって、それほどきつい言葉はなかった。

「どうしよう、私など本当は天才でないのに……」

天才ではないということがバレたら大変なことになる。

「何とか天才みたいにしなければいけない」

そのように一〇〇パーセント真面目に考えた私は、「とにかく練習量だ」と思った。学校に行かない日は、父から教わった円グラフの二十四時間のうち十二時間をヴァイオリンの練習にして、後をどうやって配分するかを考えました。学校に行く日は十二時間なんて練習できないので、四、五時間が精一杯です。私は慶應義塾の中等部に入ったのですが、幼稚舎から上がった私は、勉強が大好きで一生懸命勉強して中等部に入ってきた人と一緒になり、勉強が結構きつくなりました。中等部には、女子にも落第制度があります。上の学年から落第してきた女の子を見て、「落第だけはしたくない」と思いました。お年頃なので、落第に対する劣等感がありました。なのでそうして勉強も一生懸命やります。

でも江藤俊哉先生のレッスンも厳しくて、なぜか私だけは週に三回呼ばれるわけです。一回のレッスンは「2レッスン」といって、一時間半です。しかもほとんど一日おきなので練習ができません。先生に怒られても翌日の一日しか練習できない。学校に行ってしまうと、どんなに頑張っても五時間くらいしか練習できないまま翌日先生のところに行き、同じ間違いをしてしまう。すると、鉛筆だけでなく、時計や食べかけのおまんじゅうや、いろいろなものが飛んでくるのです。最後には、怒ってしまった先生は後ろを向いたままヘッドホンでまったく別の音楽を聴き出してしまう。私にはそれがショックで、涙を流しながらヴァイオリンを弾いていました。

そんな状態で、江藤先生には「あなた意外と下手なのね、あなたみたいな人がなぜ天才と言われたのだろうね」とよく言われました。それが悔しくて一生懸命ヴァイオリンを練習すると、今度は学校の抜き打ちテストで赤点をとってしまう。すると学校の先生に呼ばれ、「あなた赤点をとっていたら落第になりますよ」と注意を受ける。

悔しいので今度は一生懸命勉強すると、五〇点、六〇点、落第ではない点数がとれる。ああよかったと思っていると、今度は江藤先生にこっぴどく怒られる。

「あなたもう次から来なくていい」と言われ、泣きべそをかくわけです。

そういうシーソーゲームのような状態で、中高時代、ヴァイオリンと勉強が両立できていた日は一日もありませんでした。どちらかがいいと、必ずどちらかがだめ。そんな状態でシーソーをこぎながら何とかクリアしたのが中学時代、何とか落第せずに女子高に行き、先生に破門されずについて行きました。

〈日本音楽コンクールに十五歳で優勝、天才少女と呼ばれて〉

中学二年になった私は、中学三年になったらプロの登龍門である日本音楽コンクールに出たいと江藤先生に言いました。

中学三年のある日、江藤先生にこう言われました。

「あなたもしかして日本音楽コンクールに出たいなんて気持ちを持っているの？」

私が「はい」と言うと、「もうデビューしているのにコンクールに出たらみっともないですよ。あなたがもし出るのなら、一位にならなければみっともない。もし一位以外になったら、あなたはプロのヴァイオリニストをやめるしかないよ。それでもコンクールに出たいの？」と。

「でもコンクールに出ないと『逃げた』って言われるしねえ」

と先生に言われるわけです。

「コンクールに出たいのだったら、このままではビリですよ。僕の知ってるだけでもあなたより上手い人は五十人はいますよ。本当に心を入れ替えて練習しないとだめだ。さあ、大変だ」

こう先生に言われた私は、学校をギリギリまで休むというプランを立てました。休んでいいギリギリの日にちを設定し、勉強するときはとにかく必死に勉強するけれども、家では勉強しない。

学校ではヴァイオリンは練習できないのだから、学校の一〇分休み、二〇分休み、お昼休み、そういう時間を使って勉強する。もっといいのは、行き帰りの通学の時間です。当時、横浜から学校のある三田まで、片道一時間半かけて通っており、その時間を全て勉強に充てました。

その代わり、家に帰ったら一分一秒も惜しんでヴァイオリンを練習する、というプランを立てたのです。そして私は十五歳のときには、一日十二時間ではなく、家にいるときは一日十四時間練習するプランにしました。

当然、体中ボロボロになって痛くなる。夜になると体中に湿布剤を貼ってプンプン臭くなり、それでも痛いので、湿布剤の上から母が毎晩マッサージをしてくれました。それでも痛くて、翌朝はあまりの痛みに目が覚めます。それでも朝になると、七時半くらいからまた十四時間の練習を始める。そういう日々を送り、十五歳のときになんとか二回の予選を通過し、本選会で優勝することができました。

日本音楽コンクールというのは、だいたい大学生あるいは社会人が出るコンクールなので、十五歳の中学生の私が出たときに、「場違いじゃないの？」というようなざわめきを一番初めに受けました。学校の制服のまま出ていったので、「子どもが間違えて出てきちゃったよ」というような、ハプニングのように思われながらコンクールを受けました。必死に頑張って一位になりました。

するとますます「天才少女」と騒がれるようになり、それが私をどんどん追い詰めていきました。天才ではないのに天才だと言われることのプレッシャー。一日十四時間練習してやっと一位になれた私にしてみれば、「それは違う、努力だろう」と。また「みんなこれだけ努力してごらんよ」と私は心の中で思っていました。

どのオーケストラにソリストとして行っても、大人である団員たちは、皆少し距離を置いたような目で見るのです。「弾いてごらん」みたいな。その空気は十五歳の私にとってきつくて、どうしていいか分からない。私も普通の人間なのにと思って弾くのですが、少し間違えるとぱっと見るわけです。そら、「天才なのに間違えたぞ」と。それが中学高校時代にソリストとして活躍していた私を包んでいた空気でした。

〈ヴァイオリンをやめる覚悟〉

天才らしくあるために、常に精一杯の努力をしなければならない。ですが体力的にも精神的にも限界です。どんどん追い詰められ、これ以上努力できない、そういう状態で演奏すると何が起きるかというと……。

当然、良い演奏はできないわけです。するとこんどは批評家の先生方が、適切というか、厳しい批判をされる。「千住の演奏はアラが目立った。哲学的すぎる。暗い」みたいなことが書いてある。そういうのを読んでしまうと、「もっと練習しないと。私は天才ではないのに天才だと言われてしまったのだから」と思い、どんどんプレッシャーに感じてしまう。一日十四時間練習してもまだ足りないのではないかと。

こうして夜も眠れず、学校に行っても「ああ、この時間に練習したい」、どんどんプレッシャーも強くなってくる。ある日、「私の人生ってこんなことがずっと続くのかな」と悩み始めました。

こんなに追い詰められながら、常に精一杯努力をしてもまだ足りない。そういう人生がこれからも続くのだったら、「早く人生が終わってほしい」と思うようになっていきました。そんなふうですから良い演奏会もできません。たくさん練習したのにステージの上では弾けない、十代の終わりのことです。

そしてとうとう、「千住はだめになったんじゃないか。二十歳《はたち》過ぎればタダの人」という噂が流れてきました。

私は「ヴァイオリンをやめる一大決心」をしました。「お休み」ではなく、「一生やめよう」と。

ヴァイオリンをやめるか、人間をやめるか、どっちかだなと思いました。

私はそのことを母に相談しました。母は私のすべてを見ていたので、「当然だわ」と言ってくれました。「真理子がこんなに苦しむことになるとは思わなかった。こんな思いをさせるのならあなたをヴァイオリニストにはさせなかった、本当にごめんなさい」と泣きながら母は謝るのです。

二人の兄たちも「こんなに頑張ったのだからもういいじゃないか。これで終わりにしたらいい、こんな壮絶な人生は見ていられない。これからは女の子として、女性として幸せな人生を行ったらいいよ」と、賛成してくれました。

ただ、父だけが賛成してくれませんでした。父は無骨な学者です。努力が大好きな学者です。努力がすべて、結果などどうでもよい、そういう父は「残念だね。努力を続けてほしかった。真理子があんなに好きなヴァイオリンじゃないか。なんでやめちゃうんだ」と言い続けました。私は見放されたような気がして、父に反発しました。

この頃、父は、「真理子、ダイヤモンドって知ってるかい。ダイヤモンドの原石はただの石ころなんだ。それを拾い上げて一生懸命磨くんだ。傷も付ける。磨いて傷を付けて、それを何回も繰り返してやっとあの輝きが放たれるのだよ。真理子は自分がダイヤモンドの石だと思って、磨くことを努力しようと思わないのか。他の誰もが認めなくても、自分で自分を信じなければダイヤモンドは光らない」と、毎晩のように話すのです。

私は心の中で父に対して反発しました。父の言うことは、その当時の私にとってはあまりに正論でした。正しすぎる。あんなに努力したのに、父だけが分かってくれなかった。心の中では、〈じゃあただの石ころだったらどうなのよ〉と思っているわけです。「いくら磨いて、いくら傷付けたって、ダイヤモンドじゃないと分かったら損じゃないの」

でも口に出しては言わない。今になって、本当に父の言うことは正しかったなと思います。「ダイヤモンドではなく、普通の石でも、一生懸命に磨いたり傷付けたりして自分なりの工夫をしていれば、世の中に一つしかない特別な石になる」と、今では思います。

二十歳のときにヴァイオリンをやめたのです。

父に反抗し、友達と一緒にスキーに行ったり、ウィンドーショッピングに行ったり、食べ歩きをしたりしました。でも、何をやってもむなしかった。何をやっても、もしこの場にヴァイオリンがあったら……とヴァイオリンのことばかりが頭に浮かんでくる。

例えば、友達にスキーを教わっているときに、「真理ちゃん、こうやって体重移動をかけるといいよ」と教えられ、「なるほど、スキーは体重移動なんだ」と思うと、ぱっとヴァイオリンのことが思い浮かぶ。ヴァイオリンも体重移動で音を出すともっと簡単に音が出るかもしれない、そう思うとやってみたくなる。

そうして、何でもヴァイオリンにつなげて考えてしまう。私は自分でこんなにヴァイオリンが好きだったんだなと気がつきました。思えば、二歳三カ月からずっとヴァイオリンに満たされて、二十歳まで過ごしていたのです。寝ても覚めても、夢の中でもヴァイオリンを弾いている夢を見て、朝起きてヴァイオリンの練習に飛びついていたのが、もう考えなくていいんだ……、と心の中が空っぽでした。

〈ホスピスの方に教えられた〝温かい心の音〟〉

ヴァイオリンをやめて数カ月たった頃、ちょうどボランティアの話がありました。

ホスピスというのは、ご存じのように余命いくばくもない方がいらっしゃる場所です。その患者さんが「千住さんに会いたがっている！」、会いに来てくれませんかと言われ、私はホスピスに気楽な気持ちでヴァイオリンケースを持って行きました。練習をしていないので弾けないのだけれども、ヴァイオリニストらしく、ヴァイオリンを持って行ったのです。

そのホスピスで私を待っていたのは、やせ細った六十代くらいの男性の方でした。私を見るなり、目を真っ赤にして、「来てくれたんですか！」と握手をしてくれました。その方と握手しながら、この人のために何か少しでもいいから弾いてあげたいと思い、ケースを開けてヴァイオリンを弾き始めました。

ところが、これが弾けないのですね。見事に何も弾けない。バッハをちょっと弾いてあげようと思ったけれども、最初の部分はうろ覚えで弾けたのがだんだんめちゃくちゃになってしまい、弓もガタガタしてうまく持てない。ヴァイオリンを押さえる指のほうも痛くて押さえられない。やっぱり練習しないと弾けないのだな、と。

すでにヴァイオリンを弾かなくなってから何カ月か経っていましたから、当然です。自分でも落胆しながら楽器をケースにしまっているとその男性がやって来ました。

「本当にありがとう」と言ってくれたのです。

初めは嫌みなのかなと思いながらその方の顔を見ると、目に涙を溜めて、本当に心からありがとうと言ってくれています。この人は本当にありがとうと思ってくれている、この人の一番大切な時間に、自分の人生の中で一番酷いヴァイオリンの音を出してしまった。何という酷いことをしたのだろうと、私はいたたまれない罪の意識でいっぱいになり、ありがとうと言われれば言われるほど逃げたくなりました。

その人は両手で私の手を包んでくれ、その人と別れ、私はやるせない思いでいっぱいになり、何の意味もなく、家に帰りヴァイオリンをひたすら練習しました。ヴァイオリニストにもう一度戻るということではなく、何か取り返しのつかないことをしてしまったことに対する埋め合わせをしたくて、何にもならないのは分かっているけれども、必死になって練習しました。

その日から私は家族に隠れて練習するようになりました。みんなが家にいない平日、母が買い物に行っている隙に急いでヴァイオリンを持ってきて、大学を休んで練習をする、そういう日々が始まりました。そしてボランティアだけは行こう、もう一度あの人の前で演奏しよう、そう思ってそのホスピスに連絡をしたのですが、残念なことに「一週間経って亡くなられたのですよ」と、聞かされました。「あぁ、間に合わなかった……」と思いました。

でも、実はこの埋め合わせをしたいと思って、私はボランティアを始めました。それが私にとって今でも続いているボランティア活動なのです。まだ埋め合わせがちゃんとできていない、そう思いながらずっとボランティアが続いているわけです。

そのボランティアの場所で、そこの人たちは私に「天才少女」を求めていないことに気が付いたのです。間違えようが何しようが、完璧な演奏は要求されていない。この人たちは温かい、血の通った音楽を要求しているのだと。血の通った音を出そうと、その場所で私は初めて音楽と出会ったのです。

そう思った時に、今まで私が幼い頃から二十歳まで必死になってやっていたのは、もしかしたらヴァイオリンを弾くという曲芸だったのかもしれない。天才少女と呼ばれて、皆をびっくりさせるような演奏をしようと努力した結果、どんどん音楽からはなれてしまっていたのだ、と。そのことを知って、私でもヴァイオリンと一緒にもう一度「音楽」をできるかもしれないと思い始めたのです。

これが、再びヴァイオリニストとして戻っていくことの第一歩となったのです。

〈もう一度、ヴァイオリンを弾こう！〉

そして私は、こんな私の演奏でも聴きたいと思ってくれる人が一人でもいるのなら、ヴァイオリンを弾こうと思うようになりました。ボランティアの場でなくても、完璧に弾く、あるいは誰よりも速く弾く、というような天才弾きではなくて、心の通った、血の通っている音を望んでくれる人がいるのであれば、その人の前で私はヴァイオリンを弾きたい、それが一人でも、あるいは十人、百人でも、その人たちの前で弾きたいと思うようになりました。

再び私は小さいステージから演奏に立つようになり、だんだん大きなステージへとなったのですが、音楽の神様は甘くはなかった。コンサート会場に行ってステージに立つと、弾けないのです。あんなに練習して、もう弾けるようになったはずの私が、ステージに出て行くと真っ白になって何も弾けない。「弾けない」と思うと、体中が骸骨のようにガタガタと震え、何も頭に浮かんでこなくなる。すると、二千人の聴衆がざわめく。一礼して楽屋に戻る。楽屋でカギをかけて私は独り、大泣きする。そういう日が何回も続きました。

するともちろんプロの間では、千住真理子はやはり二十歳を過ぎて天才じゃなくなったね、と言われるようになります。そして、そのことが私の耳にも入ってくる。何とか弾けるようになりたいと思い、昔の小学校時代の父のことを思い出し、一日十四時間、円グラフを書きながら一生懸命頑張りました。

〈しかし、二年、四年、六年経っても弾けない〉

体中が痛くなり、「そうだこの痛さだ、これで弾けるようになるんだ」という確信を得て、家で必死に練習して弾けるようになったと思った。けれど、ステージでは弾けない。そうか、バレリーナでも一年休むとだめだという。

私は二年ステージを離れたから、二年は弾けないかもしれない、そのことを覚悟しようと思い、二年間、弾けないなりにステージで頑張って弾きました。でも、毎回弾けない。楽屋に帰ってバタンとドアを閉め、鍵を閉める。独りでとりあえず大泣きしたあと、楽屋を開けてサインをする。そういう日々の繰り返しでした。

二年頑張ったけれども、まだ弾ける兆候がない。

家では弾けるのです、楽屋でも。五分前まで弾ける。

それが本番でステージに出ていくと、弾けなくなる。

これがステージの怖さです。二年、三年、四年経ってもまだ弾けない。

そうすると、人間というのは不思議なことに、「弾けないかもしれない」という不安が、「絶対に弾けないんだ」という確信に変わるのですね。「どんなに練習しても絶対に弾けない」ともう一人の自分が言っている。家でどんなに弾けていても、直前まで弾けていても、「絶対弾けないぞ」ともう一人の自分が言う。ステージに出て行くと、やっぱり弾けない。そうしてだんだん確信が強くなっていきます。

私は、その頃にビジネス書などを読みあさりました。マインドコントロールや成功の秘訣といったものから、オリンピックに出る選手が自らをコントロールする、イメージコントロールなんていうものもやってみました。でもできない、うまくいかない。これは難しいなと。練習量ではなく、自分の精神的なもの、自分のイメージの問題なのです。

四年も五年も弾けないと、さすがに、音楽に神様がいて、おまえはもうだめだと言われたのかもしれない、それでも私は弾きたいという強い思いがありました。

なぜかというと、天才弾きをしたいのではなく、伝えたい思いがあるのです。ボランティアの場で私が教えてもらった人々の温かさ、「ありがとう」というその一言がどれほど私を元気づけてくれたか。

ありがとうという温かさを音楽で伝えたい。

音楽でありがとうと言いたい。でも、どうしてもその思いを伝えられなかった。

〈突然、すべての感覚が戻ってきた！〉

六年経って、もう恥の上塗りだからやめろと周りの人々に言われながら、七年目のある日のことです。今日も多分だめだろうな、絶対だめだろうなと思いながら、いや今日こそは大丈夫、と自分との闘いの中ステージに出て、チャイコフスキーのコンチェルトを弾きました。

弾き始めて一〇分くらいすると、突然、すべての感覚がぱっと戻ってきました。

少しずつ戻るのではなく、こんなふうに全部がいきなり戻ってくるのだとは思ってもみませんでした。体中がうれしくて震えました。きっと音楽の神様がいるのだと思い、一人で涙を流しながら「神様ありがとう。もし本当にこれで戻してくれたのだったら、二度と裏切ることはしません」と心に誓いながら弾き続けました。

あれは夢から覚めたような感じですね。夢から覚めた時ってそうですよね。

夢だったのかな、と思ったあの感覚と、戻ってきたんだ、という喜び。

それが七年目のあの日の私にありました。何の前触れもなく突然感覚が戻ってきたので、今でも怖くて、ある日突然、全部うそだったんだよと言われるんじゃないか、あるいはある日突然ステージの上で、あの時と逆のようにわっと全部がなくなってしまうのではないか、そういう恐ろしさも実は今もあります。夢で、たまに悪夢を見てうなされるときもあります。

でも私は「神様、この曲だけは弾かせてください」といつも願いながら、今日だけは何とか弾かせてほしい、今日この思いを伝えたいから、この曲だけは弾かせてほしい、そう思いながら、毎回ステージに立っています。

そして、毎回無事に終わると、ああ本当によかった、今日も何とか弾かせてもらえた、と思っています。そんなふうに思っている私の人生そのもの、繕うことのない、良いも悪いも全てが演奏には出てしまうと私は思っています。

〈クレーメルのヴァイオリン演奏を聴いて〉

「演奏家は繕うことができない」、そのように信じる一つの理由となった経験があります。二十代の終わりの頃、ギドン・クレーメルの演奏を聴きに行ったときのことです。演奏会でクレーメルがシュニトケのヴァイオリンコンチェルトを弾いていて、あっと思ったのです。ギドン・クレーメルの人生そのもの、まるで金太郎飴を切ったかのように、クレーメルの断面図がわっと音楽に出てきているのです。

本人はそのことを意識していないけれども、良いも悪いも全部出てきてしまっているんだ、と発見したことがありました。そのときからずっとその気持ちが、自分自身の体験もありながら、ステージ上では自分を繕って見せることができない、自分を飾ることもできない。演奏家というのは、うそがつけない、ごまかせない、だからもうありのままの自分を出すしか手段がないのです。ですから、普段どういう人生観を持って、何を考えて、ということが大切になってくるのではないか、と私自身は思って今日に至っているわけです。

第二回講座

聴き比べ〜クラシック音楽の魅力

九人の演奏を聴く

第二回目の今日は皆さんに九つのヴァイオリン演奏の聴き比べをしていただきます。

クラシック音楽のファンでない方の疑問としてよくあるのは、「皆同じ楽器で、同じ曲を弾いているんだから、同じようなことではないか」と考えて、「どうも」と思っておられる。実はそうではない、本当に違うというところを聴いていただきたいと思います。

その違いにはいくつかの理由があります。一つは楽器の違い、それよりも重視したいのは体格の違いです。もっと詳しくいえば、皮膚の厚みの違い――ヴァイオリンというのはピアノと違い、弦を指で押さえて音を出します。その時、物理的に脂の部分や肉の部分が何ミリあるのか、骨密度、指の骨の太さ、そしてそれによってどれくらいの力を込めて弦を押さえているのか、といったことでどんどん音が変わっていきます。

さらに、同じ演奏でも、指の押さえ方の角度を少しずつ変えることによって音のニュアンスを変える、これを一つのテクニックとして使っている。あるいは曲によって、そっと押さえてフワッとした音を出したり、パガニーニのような曲では指を少し立てることによって硬い音にしていくことも。このようなテクニック的な使い方をするほどに、音は変わっていきます。音を変えることで曲のニュアンスが変わるということです。

それから、演奏の仕方でも、同じ音を弾くのにも少し伸ばして弾くとか、ヴィブラートのように音を震わせる、その震わせ方を大きくしたり小さくしたり、と演奏方法を変えることによって、違う音楽になっていくのです。

テンポ感にしても、ものすごく速く弾いたり、ものすごくゆっくり弾いたりすることによって、まるで違う曲のようにどんどん変わっていきます。

こうしたいろいろな組み合わせによって違うような曲に聴こえてくる、ということもあります。

そして私が最も重要だと思っているのは、演奏家の人格です。

この講座を通して、皆さまに少しずつ分かっていただきたいのが、この人格、性格、もっと言えば心そのものが音楽に映ってしまう、ということです。違う人が同じ音楽を弾いて、まったく違う音楽に変わっていくというのは、楽器が違えばもちろんですが、一番はその人の人格だと私は思っています。

それでは聴き比べを、一番耳慣れた曲、メンデルスゾーンのヴァイオリンコンチェルトの「第一楽章」、一番有名な冒頭を、九人の演奏（録音）で聴いていただきます。最初は誰が弾くかというのは内緒にしましょうか。実はこの中に私も入っていています。先入観なしで聴くというのもまた面白いと思います……。

それでは一番目の演奏を、音に集中するために部屋を少し暗くしましょう。視覚からいろいろ入ってしまうと音に集中できないので……。

では二番目の方の演奏です。面白いですね、こうやって聴くと人の顔のように違います。非常に単純なメロディーだからこそ違いが分かる、というのもあると思います。……最後に九番目の演奏を聴きましょう。

さて、九通りの演奏、いかがでしたでしょうか。

この中に私が二人います。一人目の私は大学を卒業してすぐのころに録音したもので、もう一人は十年くらい前の私です。自分でもどれが自分なのかよく分からなくなりながら聴いていました。

実はこんなふうにしてコンクールは決められていきます。

いま皆さんが審査員であれば、何となく乗って聴いている日、今日はこういう曲が自分に合っているな、心に染みる、何となく不安定だけれどいい感じとか、審査する人の精神状態といったことも反映されるでしょうし、音程が良くなかった、オーケストラとヴァイオリンがずれていた、といったことも基準に順位をつけていくのです。

つまりスポーツのように点数で勝ち負けを決めるのと違って、それぞれの好みによって審査をしていくということになると思います。もちろんその中で、自分の心にぐっときた、この人は何ともいえない才能を持っている、というような言葉で表現されるのは、個人個人のただ単に好きだ、嫌いだ、ということがやはり大本にあるわけです。芸術を評価する、アーティストを順位で決めていくというのは、非常に難しいことです。

その中で、非常に才能のある人がたまたま落ちていくということもあります。そうすると、非常に才能のある人が、ものすごく純粋で、審査結果をそのまま受け止め、「自分はだめだったんだ」と思ってその道を断念してしまうこともあります。

私も何年か前にコンクールの審査員をしていたときがありますが、すごく才能のある人が、一カ所ミスをしたことによって落ちてしまった、ということがありました。

私はその人に声をかけて、「素晴らしかったから、これからも頑張ってほしい」と伝えましたが、その人は、「自分はだめだから、これ以上努力をすることはしない」と言って去って行きました。毎年、そうした才能のある人が落とされていくのを見て、私はこれ以上コンクールの審査員を続けられないなと思ったのです。

音楽というのは順位をつけるのは難しいなと、思っています……。

それでは、何番目が誰の演奏なのかを見てみましょう。

続けて同じ九人のメンデルスゾーンのヴァイオリンコンチェルト「第三楽章」の演奏を聴いていただきます。

♪

聴いていただいた、第一楽章の一番目はシゲティです。私も非常に好きな昔のヴァイオリニストで、きちんと弾く人ではなくて、ものすごく大雑把に弾く人なのですね。それも今の一分ほどのフレーズに表れていたと思いますが、きちんと弾かないけれども、ものすごくニュアンスがあります。三〇分間演奏してその中で一つの絵を描くように、この人の世界というのがあるのですね。ときどき音程を外したりリズムが乱れたりするのですが、独特の語り口調で、どんな音楽でもこの人の語り口調でやっていくという、素晴らしい芸術家です。

第三楽章を聴きましたが、シゲティというのは本当に味があります。

♪

二番目はオイストラフでした。この人はヴァイオリン界では神様と言われている、ソヴィエト（当時）の生んだ大変な巨匠です。みんながオイストラフを夢見て、目指して、ヴァイオリン界の神と仰いで、この人のようになりたいと多くの人が願ってヴァイオリンを始めるわけです。

今この演奏を聴いて私が思っていたのは、非常にレガートで、長いフレーズ、長い語り口でつなげていく、でもその中に強い意志がある。それがオイストラフです。ものすごく完璧に弾く人です。ものすごく音楽的でありながら、音程もリズムも完璧でありながら、完璧であるということを表に出さないという、非常に珍しく両者を同じようにバランスよく持っています。音楽的な部分と、テクニック的な部分とを兼ね備えている人です。

ソヴィエトの人ですからきちんと弾く、昔の人は特にものすごく正確に弾きますね。すごいですね、やはり正確に弾くというのと、意志を感じるというのと、その中に音楽が脈々と流れている、というのがあると思います。

オイストラフという人は、当時のソヴィエトですから、厳しい任務を託されていたのですね。もちろん当時の演奏家は皆そうして国から任命されて、音楽家でありながら海外の演奏に派遣されていく、というようなことをしていて、その苦しみとか悲しみが本当に音楽に出ている。

もっと言うならばレオニード・コーガンという人もそうですが、当時のソヴィエトの演奏家というのは、私たちが考えられないような非常に厳しい中で生きているので、決して甘くない。音楽に対する姿勢も甘くないし、音楽の解釈の仕方も非常に深くてしっかりとしている、そういう根底というのが音楽に表れているなと思います。

誰もが尊敬するオイストラフです。

♪

三番目はアイザック・スターンです。私が感じたのは、シンプルで素朴だなということです。晩年の来日公演では、日本の歌を好んでよく弾いていました。スターンの日本の歌というのは、彼の性格によく合ったというか、素朴な、日本の歌らしい日本の歌をヴァイオリンで演奏する人だなと思いました。私が好きなスターンの演奏に、サン＝サーンスのヴァイオリンコンチェルトの第二楽章があるのですが、本当に素朴に弾くのですね。スターンだけの世界、悲しい夕暮れを一人で見つめながら、素朴に、孤独に弾いているような、そんなイメージがいつも私の頭にはあります。素晴らしいヴァイオリニストです。

第三楽章は面白いですね。これがアイザック・スターンです。彼は右手に特徴があって、右手のボウイングをわざと柔らかく弾かなくて、割と硬く弾くのですね。だから今みたいに、非常にフレーズで抑揚を大きくつけていくというような、そういう演奏をしている演奏家です。素朴な中に個性があるというか、そういう演奏家です。

♪

四番目はシルヴァースタイン。この方も素晴らしいヴァイオリニストで、シルヴァースタインというのは私が小さい頃、すでに「オーケストラがやって来た」などのテレビ番組によく出ていましたが、指揮者の山本直純さんがこの方を非常に尊敬して、しょっちゅう番組に出ていました。私も小さい頃からよく観たりしていました。

聴きながら思ったことは、非常に派手な、ヴィブラートを多く使いながら派手に歌っていく人で、そのせいなのか、音に艶がある。そういう印象を受けました。いつも艶やかに、どんなに激しい音楽であっても一定の品格を崩さずに、常に艶やかに気品を持って歌っていく人。それがシルヴァースタインですね。

第三楽章を聴きましたが、これがシルヴァースタインの演奏です。

♪

そして、五番目は、自分で聴きながら「私？」とメモに書いていますが、私でした。大学を卒業してすぐのときの演奏です。この頃は、本調子ではないときです。しかしメンデルスゾーンというのは小さい頃からずっと弾き続けてきたコンチェルトだったので、そういう意味では弾き慣れていて、自分の良い部分も悪い部分も含めた癖がよく出ていたので、これは私じゃないかな、と思いました。まだ本調子ではなかったので、テクニックでカバーしたりすることができなかった分、自分のそのままが出てしまっていた、という感じがします。

第三楽章では、当時の自分を思い出して、タイムスリップしたような気がしました。このときは「ガダニーニ」という楽器を使っています。その特徴がずいぶん出ているなという気がしました。

♪

六番目はサレルノ＝ソネンバーグ（一九六一年〜）さん。私はそんなに詳しくはないのですが、割と最近の方で、現代のヴァイオリニストといってもいいかと思います。私のメモには、歌い方に特徴があって、抑揚があり、情熱的な歌い方をすると書いています。メンデルスゾーンだけでもこれだけ自分を情熱的に出しているということは、他の曲を弾くともっとエキゾチックに自分を出す人なのではないかな、という印象です。

第三楽章の演奏も、とても情熱的な感じがしますね。いいですね、躍動感があって楽しい演奏だったと思います。

♪

七番目の方はチョーリャン・リン（一九六〇年〜）さん。私は非常に好きだと書いています。艶やかで柔らかい音、達者に弾くヴァイオリニスト、非常にうまいとメモに書いています。この人も現代の人で、世界的に活躍しています。

私たちヴァイオリニストの間では「ユダヤファミリー」という言い方をするのですが、ユダヤの人だけでなく、ユダヤの人がファミリーとしてかわいがるというヴァイオリニストやピアニストがいて、その一人がこの人です。ユダヤの人たちに仲間としてかわいがられて活躍している人、と聞いています。

すごく正統な感じがしますね。パールマンを感じさせるような、非常に完成度の高い音楽だと思います。

♪

八番目はまた私です。メモには、言いたいことがたくさんあってそれが噴き出している、と書いています。それ以上言うことはないですが、これを聴いているときに、メンデルスゾーンはもう少しおとなしくていいのかな、と自分で自分のことを批評していました。もう少し冷静に弾いてもいいのかなと。メンデルスゾーンという曲の性格上、少しこの人の性格と違うのではないかと、むしろ私は批判して聴いていたのがこの八番目です。弾いている楽器は、昔もっていたストラディヴァリウスに変わっています。デュランティではないです。

自分の演奏を聴いていて、疲れますね、いやなもんです。自分のＣＤなんかも、いつも聴きたくないです。自分の顔を鏡で見るようなものですね。いやです。

九番目、私は好きだと書いていますが、サラ・チャン（一九八〇年〜）ですね。素晴らしく均整のとれた、歌もあってテクニックもあって、安定感のあるメンデルスゾーンを弾いていたなと思います。

第三楽章も、魅力的な演奏だったと思います。

♪

このように、九通りの演奏を聴いていただきましたが、一つのメロディーでもさまざまな弾き方があって、同じ私自身であっても一回目と二回目で違うし、今弾いている私のメンデルスゾーンももちろん違うわけです。毎回弾いても違うし、楽器が変わって私自身も変わりましたし、本当に違うのですね。

もう一つは、今こうして皆さまに録音したものを聴いていただきましたが、例えば私はメンデルスゾーンを小学校六年のときに初めて弾きました。その時にもちろん誰かのＣＤやレコードを聴きます。その誰かのレコードを聴いたときに、一番初めに聴いた演奏家というのが、「刷り込み現象」として身体に入ってくるわけです。アヒルの赤ちゃんが一番初めに見たものを親だと思う、というのがあります。まったくそれと同じで、演奏家というのは、一番初めに聴いた演奏スタイルが、無意識のうちに、言ってみれば「正解」だと頭に刷り込まれるわけです。この弾き方が正解なのだと。二番目、三番目に聴いたものを「なんかこれ違うんじゃないか」と居心地悪く感じる。やはり一番初めに聴いたものがほっとする、そういう一つの刷り込み現象というのが、演奏家だけではなくて、ほとんど誰にでも、あると思います。

だからこそ、プロになろうとしている人は、初めはなるべく他の人の演奏を聴かないほうがいいと言われているわけです。初めはなるべく自分の目で楽譜を読み、音程を拾い、自分の心の中で音楽を創っていく。その上で、「こんな音楽を弾きたい」と思ったところで、いろいろな人の録音したものを聴いていき、自分のイメージと合っているのはこの人だな、というふうに探り当てていくのが一番良いとされています。

ヴァイオリンを習いたてのときというのは、一刻も早く曲をマスターしたいので、まず耳から学んでいこうとする。まず音楽を覚えようとして、どんな音楽なのか耳で聴いて耳で覚えて、「こういう音楽なんだな」と分かったところで楽譜を見るのです。そうするとなかなか刷り込み現象から離れられない。特に日本人は耳で学習する場合が多いので、「自分の音楽」が自分で分からなくなる場合が多い。大人になってやっと、「よし、では自分の耳で聴くよりも先に音楽を自分で創っていこう」というふうに努力を始める場合が多いので、なかなか模倣から離れられない、ということがあります。

コンクールなどでよくあることなのですが、すごくオイストラフに似た弾き方をして、癖まで似ている子がいたり、シゲティにそっくりなポルタメントを入れたなとか、あるいは急にテンポを速くしていくところがハイフェッツにそっくりだな、と思わせる子がいたり、誰かのそっくりさん、というような人がたくさん出てきます。「そっくりさん特集」みたいなことがコンクールにはよくあって、日本のコンクールの欠点、特徴だと思われます。

小学校のコンクールだけでなく、中学、高校、もっと言うならば大人のコンクールでもそういう人が多いですね。そういう人が海外のコンクールに行っても、なかなか評価はされにくい。最近では少なくなってきていますが、耳から入るよりも、まず自分の音楽を創るために時間をかけて楽譜を読む、ということを私は薦めたいと思っています。

同じメロディーを弾いても、百人百通りの演奏があり、千人いれば千通りの音楽が生まれ、まったく同じ音楽というのはない。同じ曲を弾いても全然違うという点に、クラシック音楽の魅力が出てくるのだと思います。なぜ違うのかということを知っていただくために、まず第一歩としていま聴き比べをしていただいたわけですが、これからさまざまな角度で、なぜ違うのか、ということをお話ししていきたいと思います。

なぜ違うのか？　その大きな原因の一つとして、「楽器」があります。

二人のライバル、ストラディヴァリかガルネリか！

楽器についてお話をしてみたいと思います。

「ストラディヴァリウス」という名前を聞いたことのある人、皆さんですね。「ガルネリ」という楽器の名前を聞いたことがある人、少し減りました。「ガダニーニ」という楽器を聞いたことがある人、また減りました。

先に聴いていただいたシゲティほかの演奏家の方の楽器もストラディヴァリウスです。それほど世界中で有名なストラディヴァリウスとは一体何なのだと、この話からいきたいと思います。

ストラディヴァリウスというのは楽器の名前です。

今からおよそ三〇〇年前、アントニオ・ストラディヴァリという人がいました。彼はイタリアのクレモナという村で生まれ育ちました。ミラノから鉄道で一時間ほどです。五〇〇年ほど前からクレモナは楽器製造の中心として有名で、現在でも弦楽器工房のまちとして、多くの人が楽器を作っています。ヴァイオリン、ヴィオラ、チェロ、そういう楽器を作っていたわけです。その村の中でひときわ才能に秀でていたのが、アントニオ・ストラディヴァリです。彼は一六四四年に生まれ、一七三七年に亡くなり、九三歳まで、死ぬ直前まで楽器を作り続けました。

現在残されているストラディヴァリの楽器については諸説ありますが、ヴァイオリンはだいたい五〇〇台、ヴィオラが二、三〇台、チェロは四、五〇台ではないかと言われています。しかしこの中には偽物も含まれている、あるはずのものが行方不明になってしまった、というものもあるので、実際のところ何台あるのかは、はっきりとは分かっていません。

ヴァイオリンの名器と言われるストラディヴァリウスはどのようにうまれたのか。

実はこのストラディヴァリという人にはニコロ・アマティ（一五九六～一六八四年）という先生がいます。「アマティ」という楽器をご存じの方は？　少しいらっしゃいますね。

アマティという楽器は、音量は小さいのですが、とても甘い音が出て、室内楽には良いと言われている大変素晴らしい楽器です。もっとさかのぼるならば、ニコロ・アマティの親もそのまた親も、楽器を作っていました。

一五六四年、最古のヴァイオリンとして今残っているのが、一代目のアンドレア・アマティ（一五一一～一五八〇年）が作った楽器だと言われています。最初にヴァイオリンを作った人と言われています。このアマティ家の三代目がニコロ・アマティです。

当時、楽器製作を教える、つまり弟子を取るということは、弟子のすべての面倒を見るということになっていたようです。食べさせて、住まわせて、そして勉強も教えていた。ニコロ・アマティという人は、ストラディヴァリのすべての面倒を見ていたと言われています。

ストラディヴァリだけではなく、ニコロ・アマティの弟子で有名になった人に、先ほど申し上げたガルネリという人もいました。有名なのは二代目のジュゼッペ・ガルネリです。

このガルネリ、ストラディヴァリの二人はいわばライバルのような状態で楽器を作っていました。ところが二人は、楽器そのものも、性格もですが、人生そのものも両極端でした。ストラディヴァリという人はとても真面目で、朝早くから夜遅くまでひたすら楽器を作り続け、正直者でした。若い頃から素晴らしい楽器を作り、すぐにそれが売れていたために、大変なお金持ちになりました。当時すでに三十、四十代のストラディヴァリは、「ストラディヴァリのような大金持ち」という言われ方をしていました。それほどたくさん楽器が売れる人気者でした。楽器も売れていたので結婚も早めにしていて、一人目の奥さんとの間に五、六人の子どもが生まれ、その奥さんが亡くなると、二人目の奥さんに子どもが生まれ、十一人の子どもに恵まれました。そうして大変裕福な暮らしをしていました。

一方のジュゼッペ・ガルネリという人は、ものすごく破滅的な生き方をしていました。自由奔放に生きて、お酒を飲み、暴れまわって、喧嘩をして、喧嘩の末に人を殺してしまい、牢屋に入れられたこともあると、と言われています。このように性格が激しく、ジェラシーにも満ちていて、事件も起こすといったドロドロとした人間臭い生き方をした人と言えます。

ところが、このガルネリの作った楽器というのは素晴らしいのですね。私たちヴァイオリニストの間では、ストラディヴァリかガルネリか、という言い方をします。

「あなたストラディ？　それともガルネリ？」というように。

「私はストラディ派よ」と言うとだいたいその人の演奏スタイルが分かる、と言われています。今、私はストラディヴァリウスを持っているのですが、実はガルネリをとても恋い慕っている部分があるのです。

演奏家の中には、長い間ストラディヴァリウスを持っていて、晩年にガルネリに落ち着く、というパターンが結構多いようです。私の尊敬するヴァイオリニストの前橋汀子さんも、ずっとストラディヴァリウスを持っていて、このところガルネリになっているようです。私の恩師である江藤俊哉先生はずっとガルネリを弾き続けた人なのですが、最晩年は、やはりストラディヴァリウスをお弾きになってました。

ガルネリというのは何とも言えない深みのある、悩ましいほどに、声で言うならば張ったような声というか、ものすごく個性的な音のする楽器です。ただ、すごく体力を使う。常に体力を使って、ねじ伏せないと楽器と対等に渡り合えないというような部分があり、難しい楽器だとも言われています。

一方のストラディヴァリウスは、ある意味では「意志」を持っています。ストラディヴァリウスを弾くにはその楽器の意志を尊重しないといけない。演奏家の方がねじ伏せるのではなく、ある程度楽器の意志を尊重しながら、楽器の意志に沿って演奏スタイルをつくっていかなければならないのが、ストラディヴァリウスです。まったく弾き方が異なります。そういう意味で、ストラディ派かガルネリ派か、になります。

この二人とも、ニコロ・アマティという人が育てた素晴らしい楽器職人だったわけです。

ガルネリに関してもう一つ言うならば、ジュゼッペ・ガルネリの作った楽器のことを、私たちの間では「ガルネリ・デル・ジェス」という言い方をします。「ストラディヴァリウス」はラテン語で、楽器の名称をわざわざラテン語で呼んでいるのです。

この「デル・ジェス」というのはどういう意味かというと、楽器の内部にラベルが貼ってあり、自分が作ったというサインがあります。ガルネリの場合、「ＩＨＳ」という特殊な記号が書いてある。このＩＨＳというのは、イエス・キリストのイエスを意味するロゴなのです。ガルネリがあえて「イエス」を意味するロゴを書き加えたことによって、ガルネリの作った楽器のことが「イエスのガルネリ」と言われるようになり、そこからイコール、「ガルネリ・デル・ジェス」となったのですね。

非常に破滅的な人生を送ったガルネリが、実は自分の作った楽器に「ＩＨＳ」というロゴを書いていた。すごく意味があることだと、私はいつも感動しながらこの部分を見ています。私もいつこのガルネリに心を奪われるか分かりません。

いま私が持っている楽器は、一七一六年に作られたストラディヴァリウスです。このストラディヴァリウスは作られて最初に、当時のローマ法王の手に渡りました。正確に言えば、一人目の所有者がローマ法王でした。ですので、この楽器は非常に尊重されながら扱われていました。ローマ法王が亡くなられると、この楽器は、ローマ法王の側近だったフランスのデュランティ伯爵家のものとなったのです。

この伯爵家でもストラディヴァリウスは、まるで隠されるように、それから二〇〇年の間、外に出ることがありませんでした。あの、ローマ法王が持っていたストラディヴァリウスはどこへいったんだ!?　と皆探したそうですが、見つかりませんでした。「幻のストラディヴァリウス」と言われる所以です。

二〇〇年の歳月が経ち、フランスのデュランティ家が滅びる前に、スイスの富豪の手に渡ったことによって、やっと楽器の存在が世の中に知れ渡ったのです。

二〇〇年もの間、デュランティ家のところにあったことから「幻のストラディヴァリウス」

は、「デュランティ」という名前が付けられました。それからまた約八十年間、まるで家宝のように、スイスの富豪の元で隠されるように置かれていました。約三百年間というものプロのヴァイオリニストにまったく弾かれることもなかった。

スイスの富豪の主が亡くなるときに、「この楽器はいつまで経ってもヴァイオリニストの手に渡ることがない。それではいけないので、自分が亡き後はプロのヴァイオリニストの手に渡るようにしてほしい」と遺言を残したのです。今から九年前（二〇〇二年）のことです。

この遺言によって、世界各国のヴァイオリニストに水面下で声が掛けられました。日本で声が掛けられたのが、幸いなことに私だったわけです。

運命のような国際電話

二〇〇二年の七月のある日、それは、その二年前に亡くなった父の誕生日（七月十四日）でもありました。街を歩いていた私の携帯電話が鳴りました。

スイスから、知り合いの楽器商からの、「あなたにどうしても見せたいストラディヴァリウスがある」と言う電話でした。とても大事に保管されていた楽器を見せたいと言われ、びっくりもし、正直なところ、嫌だなと思ったのです。

当時、私は持っていたヴァイオリンを非常に可愛がっていました。一応ストラディヴァリウスでしたが、完成度は良くなかったかも。でも、この楽器で一生やっていこうと思っていました。だからもう波風を立てないでほしい、この先支払いに苦労するのも嫌だなと……。

「見たいけれども、今スイスにも行けないし、あまり時間もないから、残念だけど」と言って、電話を切りました。それからたびたび電話があり、「本当に良い楽器なんだ。今も有名なヴァイオリニストが手にとって弾いてみてびっくりしている。みんなびっくりするんだ」と。またその楽器のディーラーが、「自分も長年、世界中のストラディヴァリウスを見てきたけれども、そんな自分がびっくりしているのだからすごいことだ。とにかく見てみないか、日本に持って行くから」と言われ、「ありがとう、じゃあ見るだけ見るわ」と返事をして電話を切りました。まだこのことは誰にも話していませんでした。

ですが、親にだけは言っておこうと、「日本に来るみたいだけれども、私は冷静だからね。決して惑わされることなく、とにかく見せてもらったらちゃんと返すから、安心していいからね」と言うと、親も「あそう、そうね。そうしなさい」というようなことで納得しました。

三週間後、その楽器が日本にやってきました。

「ではヴァイオリンを見せに行くからどこに持っていけばいい？」

私は懇意にしている一つのホールの名前を告げました。実は、「大ホールで弾いてみなければ分からない」と考え、ホール五、六カ所を渡り歩き、一〇分ずつホールで弾かせてもらうということにしていました。もちろんそこには母も一緒について来ました。母娘で冷静に見極めてやろうという思いです。

一つ目のホールで待っていると、その楽器がやってきました。

ドキドキしましたが、冷静になって見ようと、楽器ケースを開けました。一目見たときに、これはすごいな、と思いました。ニスが違うのですね。ニスというよりも、何というのか、存在感そのもの、オーラというのか、エネルギーがガッときて、これはすごいに違いない、でも私は冷静になろうと。

その楽器を構えて一音弾いた。「うわあ、なんだこれは！」とまず思いました。

何がすごいかというと、生き物に触れたような、恐ろしさ。ゾクゾクっと背中が身震いして、怖いな、と思いました。これはもしかしたら生きているのかもしれない、そう思ってしまうような、うごめき。「ええっ」と楽器を見て、また少し弾いてみる。何かものを言っているような恐ろしさ、もう一度見る。音以外の、何物かの「声」が聞こえる気がしたのです。


弾き比べるために自分の楽器も持ってきていました。自分の楽器のほうが良いのだからと思って、いったん置いて、弾き比べるために持って来た自分の楽器を弾いてみる。何人かの人が聴いているので、自分の楽器が負けてはいけないと思い、なるべく自分の楽器では良い音を出してみせよう。持ってこられた楽器ではなるべく変な音を出そうと自分では思うのです。

だんだんそうやっているうちに、持ってこられた楽器の魅力に負けていく自分が分かるわけです。でも「良いものは良いよ」、そう思って弾き続けていました。弾けば弾くほど魔力というか「これはいいな」と強く思うのです。いつの間にか兄明が来てくれて、聴いています。兄が楽器をパッと見ると、真っ赤な顔をして、うん、と頷くのですね。目が合って、私に頷く。やはり兄も同じなのだと、思いました。

母は何て言うかなと思いながら、家に帰りました。

「無理だよね、いまお金ないし、おかあちゃま、どう思う？」と聞いたら、母が勢いよく水道の蛇口をひねって洗い物をしながら、「これは運命だね」と言うのです。なんか、そういう洗い物の仕方で、母がとても興奮しているのが分かった。「運命？」と聞き返すと、「お金は後からついてくるよ」と言う。「なに言ってんのよ」と私が言うと、母は「いまお金は問題じゃないでしょ。もうこれはうちに来るべくして来たのよ」と言います。「え、どうすんのよ」と言うと、「どうすんのよじゃない、それは後でみんなで考える。これはあなた絶対手放してはだめよ」と。

私は、「やっぱりそうか、どうしよう、どうしよう」と、悩みました。

父が亡くなって二年目（三回忌）のお盆で、ニューヨークの一番上の兄が、帰ったからちょっと家に寄ると言って電話をしてきました。母は「お兄ちゃんに何も言ってないよ、言わないでいいからとにかく見せてごらん。あの子は美術家なんだから目で分かるわよ」と言います。

「ただいま〜、みんな元気〜？」と、何もしらない兄に、私は「お兄ちゃんちょっと」と呼んで楽器を見せました。すると「おおっ」と言って、しばらく見て、だんだん顔が真っ赤になってきました。次に何をしたかと思うと、その楽器に対して直立不動に立ち、最敬礼、お辞儀をしました。「ハァ……」と言って、座り、黙ってしまいました。

そして、「で、どうするの？」と聞いてきます。

私も黙って、母が何て答えるかなと思っていたら、「どうにかならない？」と。「どうにかならないって、どれくらいするの？」と兄が聞きます。母は「まだ聞いてないわよ」と。

それからは、家族で四方八方に駆け回って……。でもどこの銀行も相手にしてくれません。会計士の先生にも相談すると、「自殺行為です。これは賛成するわけにはいきません。即、返してください。何かあっても補償金も出せません」と言われました。銀行は、「五分の一貸したとしても、ほかであなた借りるのでしょう。それでは返してくれる当てになりません」と、どこからも断られてしまった。

こんどは楽器を持ってきた人からの電話です。

「明日の朝、いったん楽器を受け取りにいきます。日本に滞在するのは二日間で、その後アメリカに持って行きますので、一応明日の朝に返してください」

私が、「一応って、返したらもうアメリカに行くのですよね」と聞くと、「それはそうですが、またそのへんはご相談しましょう」との返事でした。

そのことを母に話すと、「絶対に渡しちゃいけない。渡したら二度と返ってこないわよ」、私もそんな気がしました。

とにかくその楽器を隠すように手元に置いて、前金にも何にもならないけれども、翌日に自分の貯金を全部集めてその人に渡し、「とにかく楽器は返さない。これが私の持っている全財産だから、一日だけ時間をください。一日で決めます」と言って、自分の心を決めたわけです。何の手立ても何の約束もできていないのですが、その楽器を返さないということだけは心に決めていました。

「一カ月以内に全額払ってください」、これが条件の中のひとつでした。

こうした超高いハードルを越えて（土壇場で貸してくれる金融機関が見つかって）、私のところにやって来た「楽器」ですが、最初は名前も知りませんでした。何か名前が付いているらしい、程度です。

それから三カ月ほどしてからやっと鑑定書などが届きました。そこに、この楽器の経歴などが書いてあります。ストラディヴァリウスの何年製作かとか、そこに、「ローマ法王」とかも書いてある。いやいや、そんなこと書いてあるはずがない！　きっと別の訳し方があるはずだと思い、ドイツ語、英語、フランス語と三カ国語で書かれた証書を、ＮＨＫの知り合いの方に訳していただくと、やはり「一人目の所有者がローマ法王」、また「デュランティ」という名前を知って、驚愕しました。

私たちは何もデュランティと名の付いている楽器が欲しかったわけでも、ローマ法王が持っていたから欲しかったわけではなく、楽器の音に惚れ込んで、それで自分のものになったわけです。

もう九年目（二〇一一年）になるのですが、楽器というのはすぐに音は出ません。良い楽器であればあるほど、音がすぐに出ないものと言われています。特にストラディヴァリウスやガルネリ・デル・ジェスは、五年、六年音が出ないと言われています。

例えば車が好きな人は、フォーミュラカーがそうだと言いますね。フォーミュラカーを乗りこなせる人は本当に少なくて、なかなか乗りこなすことができないと言われていると聞いたことがあります。

楽器もそうです。実はデュランティが自分のところに来たときも、すごい音は出るし、大きい音は出るけれども、右と言えば左に行き、左と言えば右の音が出る、小さい音を出そうと思えば大きい音が出ちゃうし、大きい音を出そうと思って弾くと割れたような音になって小さい音しか出ない。このように初めの数年間は、言うことを聞かない、というような状態にありました。ずいぶん苦労して、去年くらいからやっと仲直りができて、自分の思うような音が出る、そんなような楽器になってきました。

設計図もない謎

ではこのストラディヴァリウスって一体何が特別なのか？

一番言われているのは、ニスに秘密があるのではないかということです。いまだ科学で解明できないニスの成分というのが一つあり、さまざまな説があります。時間が経ってしまったから成分が変化してしまって解明ができないのではないか、というのが一番理性的な意見のようです。あるいは、今ではもう絶滅してしまったような昆虫をすりつぶしてニスの成分の中に入れたのではないか、さらに何か分からない成分を入れたのではないか、琥珀のようなものを入れたんじゃないか、などいろいろな説があります。とにかく分からない。

もう一つ、伝説的な話が生まれた理由の一つにこんな話があります。

アントニオ・ストラディヴァリの二人の息子も楽器を作っており、本来ならば息子たちに跡を継がせるべく自分の技術やニスの調合の仕方を教えていたはずなのですが、ストラディヴァリは自分の息子にもニスの調合を隠して、妻さえも自分の工房に入れなかった、と言います。

そして設計図とニスの調合を書いたメモ書きは、自身が生きている間に全て焼き捨ててしまったというのです。一体なぜ息子に教えなかったのか、なぜ自分のニスの調合も設計図も全て焼き捨ててしまったのか、いまだに謎です。

それほどまでにストラディヴァリは、もう二度と生まれることのないような素晴らしい楽器を生んでいます。もちろん、演奏楽器としても音が素晴らしいのですが、美術品としても素晴らしい、と美術家の方たちは言います。特に、ヴァイオリンの先端部にある「スクロール」という渦巻きの顔を見ると、いっぺんに専門家はストラディヴァリウスかどうか判明がつくと言います。それほどに渦巻きに特殊な美術的な価値があるので、作るのが難しい。この部分をよく模倣して作っても、バレてしまう。それほど、美術的にも実用的な楽器としての観点からも、ストラディヴァリウスは他に代えられない素晴らしさがあると言われます。

今でも、イタリアのクレモナ地方に行くとヴァイオリン工房がたくさんあります。毎年ヴァイオリン製作のコンテストがあって、そこで金賞に輝いた楽器というのは本当に素晴らしいです。日本にも素晴らしい楽器職人の方たちがいますし、私も日本で作られた楽器を演奏することもあります。もちろん、ストラディヴァリウスに劣らない楽器も生まれているのですが、ストラディヴァリウスだけはまだ別の次元にいるのですね。

どうですか、皆さんもヴァイオリンを始めてみませんか？

今日はもう一つ、触ってもらおうと思って、ヴァイオリンを持ってまいりました。もちろんストラディヴァリウスではありませんよ。私が大切にしているセカンドヴァイオリンです。すべての方は無理ですが、ご年配の方に敬意を表して、六十代の方いかがでしょうか？

ヴァイオリンをちょっと肩にあて、弓を上下にこすって、ホラ簡単ですよ！

肩当てを付ける場合もありますが、私はあえて付けないのですね。私は鎖骨にヴァイオリンを当てます。そうすると骨伝導があるわけです。鎖骨と頭蓋骨でヴァイオリンを響かせる。すると身体が振動体になって、その人独自の音が出るのです。

男性の方どうぞ、弾いてみてください。……簡単ですよね！

骨を響かせるわけです。「どうして人によって音が違うのか？」、自分の骨を通すから、それだけで音が違いますよね。

男性の三人に弾いていただきましたので、次は女性三人にも弾いていただきましょう。

皆さん、お上手でしたよ。

ありがとうございました。

それでは、何かご質問などあれば……。

M（女性）　スチール弦ではなくて、羊の腸のガット弦にこだわる理由は何かありますか。

千住　そうなんですよね。ガット弦はやはり生き物の音がします。付け替えて何回も実験したり研究したりしているのですが、スチール弦というのは、大きい音が出て、はっきりとした音も出るし、ライティングに強い。ガット弦は弱いです。弱いということは、どんどん音が狂ってしまうという欠点があって、みんなガット弦はやめてしまうわけです。私がどうしてもガット弦に戻ってしまうのは、生き物の音になる。だからガット弦を手放せません。

T（男性）　今日弾いてみて分かったのですが、左の耳の方がきつかったのですが、バランスはどのようにされていますか？

千住　少なくとも、練習するときは耳栓をします、私は。そうでないと、うるさくて耳が疲れるので、手加減をしてしまうのですね。手加減をすると、大ホールで弾くための練習というのがなかなかできないので、私は耳栓をします。ホールのステージ上では音が飛んでいくので、自分の音は結構聴こえないのです。そんなにうるさくないですね。聴こえないから弾きにくいです。

X（男性）　ストラディヴァリウスの保管方法とか輸送、持ち歩き、楽屋での所持、トイレに行くときはどこに置いておくのか、どのようになされているのでしょう？

千住　ものすごく大変です。「デュランティ」が自分のところに来て以来、私はもう安心して眠ったことがないのではないかというくらいに。保管場所はもちろんキープしています。

一番気を使うのが温度湿度で、一定の温度湿度でないと壊れてしまう、死んでしまう。その一定というのがだいたい二〇〜二五℃の間で、私のストラディヴァリウスの場合は、湿度は三〇〜四〇％台が一番良い状態で、五〇％を超すとだんだん調子が悪くなってきて、六〇％を超すともうだめということで、楽器ケースを開けることができない。

だから本当に日本の梅雨のシーズンというのはものすごく悩ましくて、楽器を持って会場に行くものの、まず二つ三つ自分で用意した湿度計をいろいろなところに置いて、湿度が高いと楽器ケースを開けられなくて、ホールのスタッフの人たちに、「お願いだから湿度を下げてもらえないか」というようなことを伝える。非常に協力的で理解してくださる場合もあるし、何そんなもったいぶったことを言っているの、というようなこともあります。

持ち運びもすごく苦労して、大切な楽器なので大事に持って歩いて、このストラディヴァリウスが来た当時に、自分にガードマンをつけて歩いたことも。それはそれで安心するものの、いかにも「ストラディヴァリウスを持っていますよ！」ということになっちゃって、かえって危ないという時期もありました。

ある時期から、なるべく普通に持って歩こうということをしていますし、片時も絶対に手放すことはなく、お手洗いに行くときも持って入ります。一番困るのは新幹線の中ですが、新幹線のお手洗いに行きたくなったときは、変な話ですけれども、中まで持っていきます。そうでないと、万が一「ない！」と思ったときに誰のせいにもできないし、「あーぁ」というわけにもいかないですし。このところ地震がありますが、どうやって守ろうかと思うと、ますます寝ていられない。常にパッと持てる状態にしていますね。

第三回講座

音響を科学する

ステージの音響と残響

千住　三回目の講座は「音響を科学する」となります。今日はゲストに橘秀樹先生（千葉工業大学、建築音響）に来ていただきました。このように皆さまには科学という観点から少し音楽を見つめていただきたいと思います。

私はここ十数年、日本音響学会の会友として、橘先生のもとで「ステージ音響学」の研究をさせていただいています。

卒論のテーマも『音楽・その方法～方法論の分析による演奏の可能性』でした。「演奏は、どういうテクニックをもってすればどういう気持ちが伝わるか」ということに非常に関心をもっていました。自分でこう弾いていて、それが自己満足なのではないか、どうやったら、例えば悲しい気持ち、怒りの気持ちが聴衆に伝わるか、そういうことを学問的に見てみたかった。

演奏家である私はいろいろな条件のホールでどのように自分の出した音が相手に伝わるかということを常に考えているのですが、橘先生の方はホールの条件が演奏家にどう影響を与えるかというふうに、逆に考えていらっしゃる。

橘　私の専門は音響工学で、建築音響という分野をやっています。コンサートホールはどのような形で造られているのか、それからホールの響きってなんだろう、どうすれば良い響きになるのだろう、というようなことを研究しています。まだまだ分からないことが多いのですが。

音ってどういう意味を持っていると思いますか？

無理やり分類すれば、音というのはまず「情報」です。これは結構忘れられがちなのですが、こうやってお話ししているのも音響情報ですよね。それからもちろん今日のテーマでもある「文化性」と言いますか、文化としての音です。イルカが歌を歌っているという話もありますが、音楽というのは人間の人間たるゆえん、という感じがしています。もう一つは「社会性」、すなわち騒音の問題で、音のネガティブな面です。欲しくない音、できればなくしたい音、しかしそうはいかない。最近、私が忙しく走り回っている風車、風力発電施設の騒音の問題もその一つです。

耳も聞こえない、目も見えなかったヘレン・ケラーさん、皆さんよくご存じかと思います。彼女が最期に「物も見たかったけれど、やっぱり一番音が聴きたかった」と言ったという話は有名です。よく「視覚は情報の八割を占めている」と簡単に言う人がいますが、決してそうではない。子どもが二歳、三歳、四歳と言葉を覚えていく段階で耳にハンディキャップがあると、考える力まで影響されてしまう。知識の蓄積や概念化が難しくなると言われています。

さて、今日のテーマの「コンサートホールの研究」ということですが、これまではほとんど聴く側に立った研究ばかりだったのです。しかし、演奏家が気持ちよくいい音楽を発信してくれないと、いくら他の条件を良くしても、私たちはいい音楽を聴くことはできない。これから大事なのは演奏家のためのホールの音響です。千住さんには、このような音の研究に積極的に参加していただいています。

千住　そうですね。小さい子どもの頃は、「演奏家というのは、家で練習していったものが、そのままステージで弾ければ、それでいいんだ」と思っていた。ある時から、「これは一方通行ではない」と思うようになって……。

ステージの上で「自分の内側から込み上げてくるものというのは、人の心に触れているんだな」と、そう思ったときに、「人は感動しているという感覚」を自分で探すことができたんです。「ステージで演奏するということは、演奏家からの一方的な通信ではなくて、相互の対話であるということ。投げかけを何度も繰り返しながら音楽がそこでいろいろに変化していく、それがライブの演奏会なのだ」ということが分かったんです。実は、それが聴衆と演奏家が一体になることじゃないか！

別の言い方をすれば、よく家で何時間も練習をしていますが、どれだけ練習しても、それはただひたすら自分の持っている部品のすべてを完璧なものにしたり、部品を磨く作業にすぎない。もちろん部品は磨かなければ使い物にならないけれど、曲はステージの上に出て、しかもそこに聴衆がいて、お客さまと一緒になってしか組み立てることができない。自分で勝手に組み立ててしまうことはできないんですね。それが音楽だったのです。

そして「生々しい音楽、生きた音楽というものがステージの上で瞬間的にどんどん生まれては消えていく」、そういう音楽のもつ素晴らしさとか、はかなさとか芸術的な音というものに魅力を感じるようになったのです。

橘　今日は、コンサートホールの響きというテーマで、多少音の物理的な面も含めて、音響デザ

インのお話をしたいと思います。（図1）
　コンサートホールの音響というと、まず聴衆側のことを考える場合が多いのですが、その前に演奏者側にとってのホールの響きというものもすごく大事で、ステージ音響などと呼んでいます。この研究を始めた当初から千住さんに協力をお願いしています。

千住　私が参加したのは、もう二〇年くらい前になるのではないでしょうか。

橘　音響学の中で「ルーム・アコースティックス（Room Acoustics）」というのがあります。室内音響学と訳しますが、屋外ではなくて室内の音——となるとコンサートホールが一番典型的です。

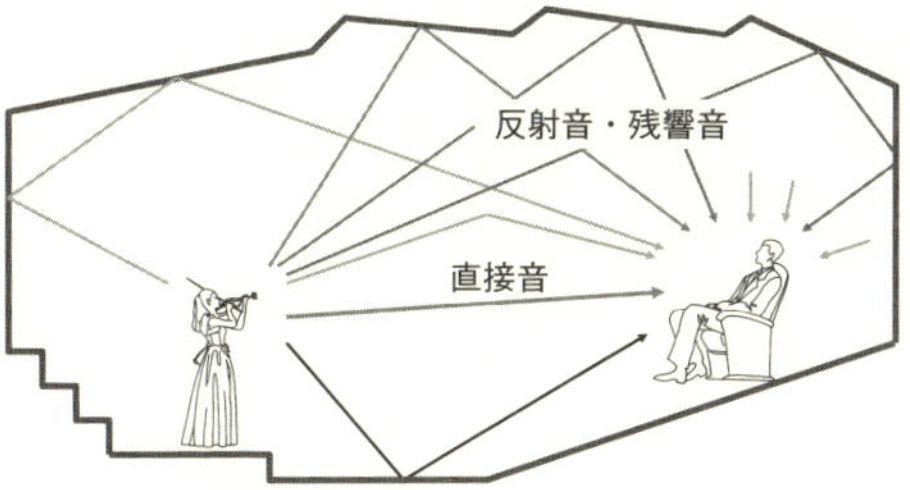

図1　コンサートホールの響き

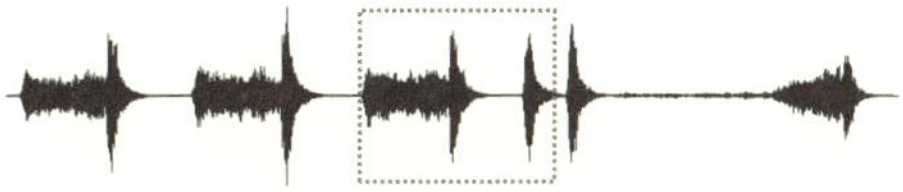

図2　ベートーヴェン「コリオラン序曲」の冒頭部分の音圧

下図は、上の四角で囲んだ部分の音圧レベルと楽譜

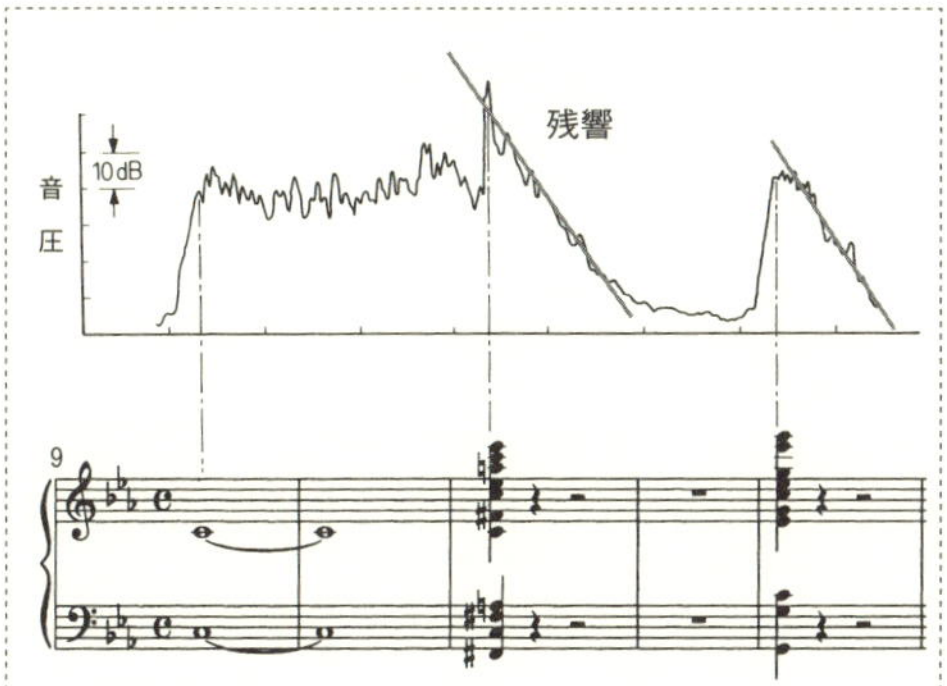

この図2の音は、いつも大学の講義などで出しているのですが、ベートーヴェンの『コリオラン序曲』です。この図は、楽譜と実際に聞こえているホールの中での音圧を対比させたものです。楽譜の休符のところは、音を出すな、パンと音を止めろと書いてありますが、実際は、いま聴いていただいたように、響きが聞こえている。おそらくベートーヴェンは、「ここは音なし」ということではなくて、ホールの響きを想像しながら作曲したはずです。

ですから、いわゆるクラシック音楽というのは、優れた作曲家がスコアを書いて、それをテクニックとセンスを持った演奏者が、良い楽器で演奏する、ということですが、それだけでは音楽は完全ではありません。それにホールが相呼応するというか、響きを付けることによって、初めて音楽が出来上がるのです。いってみれば、ホールというのは音楽の最後の味付けをしているのではないか。そういう意味で、「ホールは最大の楽器である」などとよく言われるわけです。

しかし、残響があまり長すぎると音がぐちゃぐちゃになってしまう、短いと非常に物足りない余韻のない音になってしまう。ここで「音を科学する」なのですが、音を出して、ある瞬間に止めた後、音がだんだん小さくなっていきます。人間の耳の聞こえる範囲というのはものすごく広くて、針をポトッと落としたほんの小さな音から、耳をつんざくばかりの音まで。強さで言いますと、一番小さい音を「1」とすると、これ以上だと耳がおかしくなるという音は、10の12乗か13乗にもなります。目は比較的狭くて、明るい所から暗い所に入って、二〇分くらいかかってやっと瞳孔が開く、これがせいぜい10の3乗か4乗。クラシック音楽は、フォルテから小さい音まで、ものすごい変域があります。

この響きの長さを表すために、残響時間という量が使われています。これは音を止めた瞬間から、一〇〇万分の一に音が小さくなるまでの時間ということで定義されています。あそこのホールの残響時間は二秒だとか、一・五秒だとか言います。しかし、残響時間が同じであれば同じように聞こえるかというと、決してそんなことはなくて、そのあたりが難しいところです。よく私は、お酒のアルコール度数くらいに考えておいてくれ、と言います。強ければうまい、というわけでもないのだと。

それでも、残響時間というのは室内音響学では非常に大事な量です。一九〇〇年ごろにこの量を提案したセービンという人は、当時は十分な測定器がなかったので、パイプオルガンをワーッと弾いてパッと離して、聞こえなくなるまでの時間をストップウォッチで計るというような実験をしています。また客席部の吸音を変化させるために、クッションのようなものを出したり入れたりして調整したようです。

その結果、彼は実験的にこのような式を導いています。

T（残響時間）＝K（定数）×V（室の容積）÷A（室内の吸音）

ここでAは、室内の各部分の吸音の程度（吸音率）にその部分の面積を掛けた量の総和に座席や人などの吸音性を加えた値です。要するにその部屋がどのくらい音を吸うかということを表した量です。

今いるこの部屋ですと、天井は多少吸音材が使われています。それからこの壁はほとんど反射性ですね。床もカーペットが敷かれていますので、高い周波数の音は吸われていますが、中音、低音はほとんど吸いません。それからなんといっても皆さんが、人間が一番音を吸っているのです。

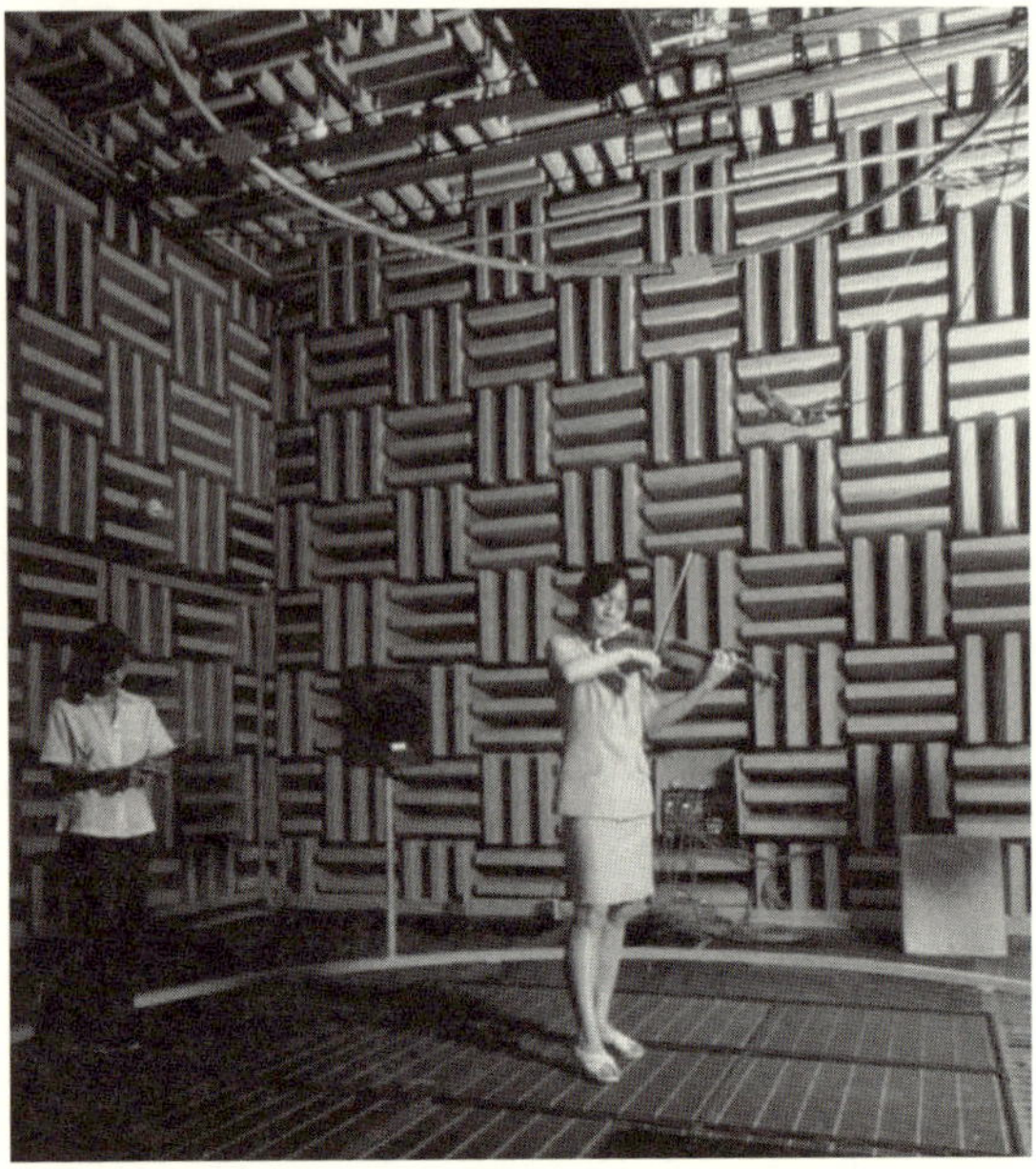

写真1　無響室でのヴァイオリンの演奏実験（東京大学生産技術研究所）

この式で大切なことは、三次元の量である室容積を二次元の量である表面積で割ることになっているので、相似形の部屋でも容積が大きくなるほど残響が長くなることになります。これは実感としても理解できますね。この式は、今でも室内音響の設計で使われています。

今日は、千住さんのヴァイオリンの音を少し編集してきました。

まず、千住さんにまったく音が響かない実験室、つまり無響室（東京大学生産技術研究所）で演奏していただきました。（写真1）

千住　あれはすごいですね。私も無響室に初めて入って、下も金網みたいになっていて、高所恐怖症の人は怖いんじゃないかと思うように、筒抜けになっている。下にも同じようなスポンジがあります。要するに天井も全部がスポンジ。「無音」によってむしろ耳が痛くなる。しかしそれ以上に困るのが、とにかく「聞こえないこと」、というのがあります。普通の防音室のスタジオよりもすごいです。

橘　まず、その音を聞いていただきます。壁も天井もない野っ原と思ってください（音）。

千住　この時、弾いたのはバッハの無伴奏パルティータから『ガヴォット』でした。

橘　では、これをコンサートホールで弾いたらどうなるか……（音）。ホールの響きが加わって、柔らかい音になっています。音の波形を見ても、間が詰まったような形になっている。

実は、いま聴いていただいた音は千住さんが実際にホールで弾いた音ではなくて、その前に無響室で弾いていただいた響きのついていない音楽とあるコンサートホールで測定した響きのデータをコンピューターで合成した音です。このような信号処理を「たたみ込み」と言いますが、このあとお話しするホールの響きの実験では、この手法を使っています。実際のホールでは、無響室と違ってホールの反応を感じながら演奏されるでしょうから、同じ曲でも演奏が変わるとは思います。

千住さんいかがでしょうか……？

千住　大変面白いです。ほとんど本物のホールと同じような空気感があります。これを活用すれば、勉強中の音楽学生に「どのホールでどんなふうに聞こえるか」が参考となって、大変良い音楽づくりになるのではないかと思います。つまり、響き具合によってアーティキュレーションも変わりますし、テンポも変わるからです。音楽の構成そのものが違ってきます。

音楽は時間と空間の芸術

橘　音楽というのはよくリズム、メロディー、ハーモニーと言われます。我々の立場から見ると、まず周波数特性と時間特性が基本的なものですが、ホールの音響となると、それに加えて空間特性がすごく大事です。ホールの響きでは、演奏者の音は前の方から聴こえてくるのですが、響きというのはホール全体から聴こえてくる。また座席によってもずいぶん違う。コンサートホール・アコースティックスではこの空間特性がとても大事です。

まず周波数の話からいきます。音というのはいろいろな種類があり、波形で分類すると、まず数学的にはサイン・コサインの関数で表せるような〈純音〉(ピュアトーン)があります。それから、一見複雑に見えてもきれいに繰り返しが見られる〈複合音〉と、さらにまったく波形がむちゃくちゃな〈雑音〉です。

純音の例としては、今はテレビではやらなくなってしまいましたがNHKの時報ピー、ピー、ピー、ポーンがそうです。余談ですが、テレビがデジタル方式になって音と映像を合わせるのがものすごく難しくなった。それでやらなくなったのではないかと思います。

千住　確かに、時報音は、不自然な音でしたね。

橘　私はゴルフ番組をよく観るのですが、映像と球を打った音がずれていて、気持ちがわるいことがよくあります。

それから、これは無響室で千住さんにヴァイオリンで弾いていただいた音階ですが、複合音の典型的な例で、周波数スペクトルは基音とその倍音がきれいに並んでいます(図3a)。一方、波形の方は一見ごちゃごちゃしているよう見えますが、それが完全に繰り返していますね。ということは、数学的には「フーリエ級数展開」が可能ということで、基音があって、それに周波数が整数倍のハーモニクスが乗っかっているということです。その相対的な強さで音色が違って聞こえるわけです。同じ音階をフルートで吹くと、同じピッチに聴こえますが、音色は全然違いますね。さらに、同じヴァイオリンでも楽器によってまた違います。

最後の波形は重音でしょうか（図3b）。二つの弦を一緒に鳴らしているから、スペクトルが必ずしも倍、倍になっていなくて、二つの音が混じっている。これは千住さんのヴァイオリンの音ですが、ヴィブラートがついています。これは音の教材として千住さんに弾いていただいた音階の音ですが、単にドレミではなく、ヴィブラートがかかっていてなにか音楽を聴いているような気がします。さすが演奏家ですね。

千住　そうです。ヴィブラートで響きを足すということです。無響室でヴィブラートをかけると、もうそれで響きになるという感じです。響きの多いホールでは、ヴィブラートを少しセーブしないと響きがありすぎて音の中心が見えなくなるのです。

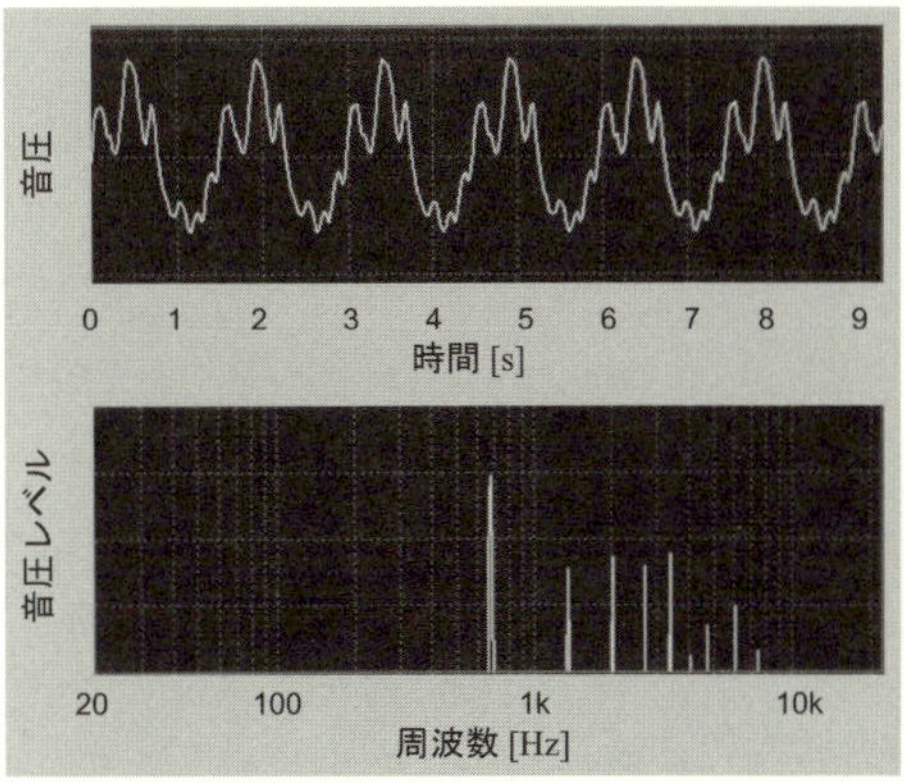

（a）e^{2}音

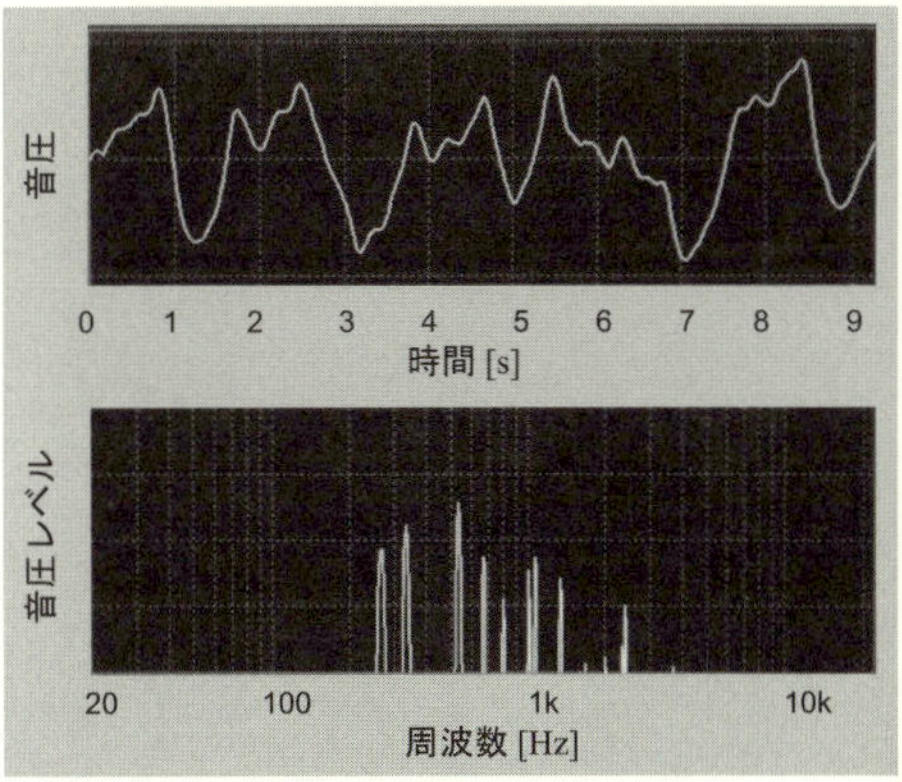

（b）重音（c^{1}とe^1）

図3　ヴァイオリンの音の分析：音圧波形（a）とスペクトル（b）

橘　次の音は、プロの打楽器奏者に叩いていただいたティンパニの音です。「ドン」と一発だけ叩いた時も、ロールで「ドコドコドコ……」と連打した時の音も、きれいにある周波数のスペクトルが見えますね。耳で聞いてもはっきりとピッチを感じます。ですから、演奏会の最中でもティンパニがときどきチューニングしていますよね。あれは長い曲になると音程が狂ってしまうためです。

次はシンバルの「パシーン！」という音には、いろいろな周波数の音が含まれていて、特にピッチは感じませんね。音の波形もノイズに近いです。ですからシンバルはチューニングする必要はなく、どんな曲にも合うわけです。

次に、ベートーヴェンの交響曲第五番の第四楽章の音と、コンクリートブレーカーの音を比較して聞いていただきます。音楽と騒音で、聞いた感じはまったく違いますが、この二つの音は、物理的にスペクトルがほとんど同じなのです。ベートーヴェンの第五番を逆回しに再生するとこんな音になります。スペクトルという点では同じなのですが、これがベートーヴェンの曲だと分かる人はまずいない。

次に、スズムシとコオロギの鳴声を比較して聞いていただきます。音色はかなり違って感じられるのに、周波数スペクトルはほとんど同じです。同じように羽をこする音なのに、どうしてこんなに音色が違うのか。やはり時間特性が違うからで、波形を見ると、スズムシとコオロギで全然違います。このように、音の特徴としては周波数特性と時間特性の両方が重要になります。ところが、コンサートホールでの音楽となるとさらに空間特性が重要になります。

音楽というのは時間の芸術と言えますね。物理的にいえば、時系列上の芸術。それが空間的に三次元の響きとなって聞こえる。

ところで、千住さんは画家のお兄さんのことをよく「ずるい」と、おっしゃいますが？

千住　そうですね。自分の好きなときに絵を描いて、自分が調子の良いときに、集中したいときに自分の作品を仕上げて、「これでよし！」と思ったときにその作品が仕上がる。

けれども音楽の場合は、いくら自分で毎日一〇時間練習をして完璧に仕上げていても、何月何日の何時何分に、自分でも一番良いコンディションで一番良い演奏ができるか、というのが勝負になってくるので、全然違いますよね。

そういう意味では、時間芸術の持つはかなさと美しさというのがそこにあるのかなと。だからこそ、その場に集まってくださる皆さんと共有する「時間」というのが、かけがえのないものだと私は感じています。

橘　なるほど。絵画というのは静的で、「ここで終わり」というのを決められるが、ステージでの演奏は、時間にそって始まり、終わるということ。

千住　ですから、そこでよく、私は兄たちに男らしい性格だと褒められるのです。演奏家というのは本当に踏ん切りをつけないといけない。「五分前です」と言われて、「よし出ていくぞ」と、「本番です、さあどうぞ」とステージに一歩踏み出したときにもう音楽が始まって、嫌でもなんでも、例えばそのときに四〇度の熱があろうが、あるいは今日一日非常に嫌なことがあった、という日でも、もうステージに出ていったら音楽が始まっている。

だから、ある意味で、自分で踏ん切りをつけないとだめです。兄たちのように絵描きとか作曲家とかは、「ちょっと待って」と言えるのですよね。今日は良いと思ったけれど、ちょっと待って、もう一日、もう一回ここを描（書）き直す、と何回でもできる。それが性格に出てしまうので、兄たちは私から見ると女々しい。

橘　女々しいですか。音は時間の芸術だということですね。

千住　ホールに行って、演奏家はまず何をするか？

あまりご存じないと思います。まあ多少練習をして、本番で演奏すればそれでもう仕事はお終わり、というわけにはいかない。

楽器と私という人間が、普段の生活の中でも常に一体になるようにしているんです。楽器は、少なくとも私の道具ではなくて、私の体の一部なんですね。常に私の体の一部にしたいから、どこへ行くにしても楽器と一緒に歩くのです。そうして、楽器を自分の手と同じようにして、自分の心を一番表現しやすい状態にもってきて、ホールに行く。そうすると、こんどはホールが私にとっての楽器になります。ホールという名の楽器、これはなかなかそういうふうにお考えになっていただけなくて苦労するところです。

ですから、温度、湿度、あるいはその環境とかいろいろな意味で、楽器と自分、つまり自分と楽器はもう一体ですから、自分とホール、この二者が一つにならないことには、お客さまに入っていただくわけにはいかない。

演奏会が午後七時に始まるとすれば、大体二時か三時ぐらいに真っ先にホールにやって来て、私はまず楽器を弾いて、演奏してみます。そして少しずつ、私とホールが一つになるように修正していって、一つになった時に、ホールが私の心の中になるわけですね。心の中に皆さまが入ってきてくださるからこそ、二千人いても三千人いても、その聴衆と一体になる可能性がやっと出てくるわけです。

そして次に、チューニングをし、楽器を鳴らし、音がどのように飛んでいくかをみます。カーペットが敷き詰められた会場などであれば、残響があり、音がふっと向こうまでいくような感じであれば、安心して弾ける。どこであろうとホールを生かすための演奏の仕方を考えます。ヴァイオリンのテクニックとしては、ボウイング（弓のスピードを速くもっていく）、指でヴィブラート多めにかけたりします。

チャイコフスキーを弾く、ベートーヴェンを弾くにしても、ある程度、自分の奏法、弾くスタイル、演奏スタイルというものを変えながら、いかにして伝えるかに没頭します。

演奏家というのは、瞬間芸術、また空間芸術ですから、家で練習しているものをそのままステージに持って来てやればいいというものではない。練習していたバラバラな部品をホールで組み立てるまでは、この場所に立つまでは、私の芸術は何も完成していないのです。

橘　僕は司馬遼太郎が大好きなのですが、あの方は色鉛筆で何回も原稿を推敲しているのですね。千住さんの楽譜を一度見せていただいたことがあるのですが、もういろいろなことが色鉛筆でぐちゃぐちゃに書いてある。

千住　そうです。それこそ、その時、その瞬間に感じたことを書いていかないと、感情を留めておくことはできないので。逆にその感情を留めておきたいときに、楽譜に色鉛筆で分けながら全部重ねて書いていくと、あとでそれを自分で見たときに、そのときの感情がよみがえる。それを、本番前にすべて自分でよみがえらせて、ステージに出て行くのですね。なるべくそのよみがえったものを全部ステージの上で表現したいと思うわけです（全部というわけにはいかないけれども）。ですから楽譜に重ねるようにしてどんどん書いて、自分にしか見えない楽譜になるわけです。要するに文字が全部重なっていくので、誰にも解読できないような楽譜になります。

橘　だけど遠目には抽象画のようにきれいですね。

さて、ここでホールの音を整理してみます。

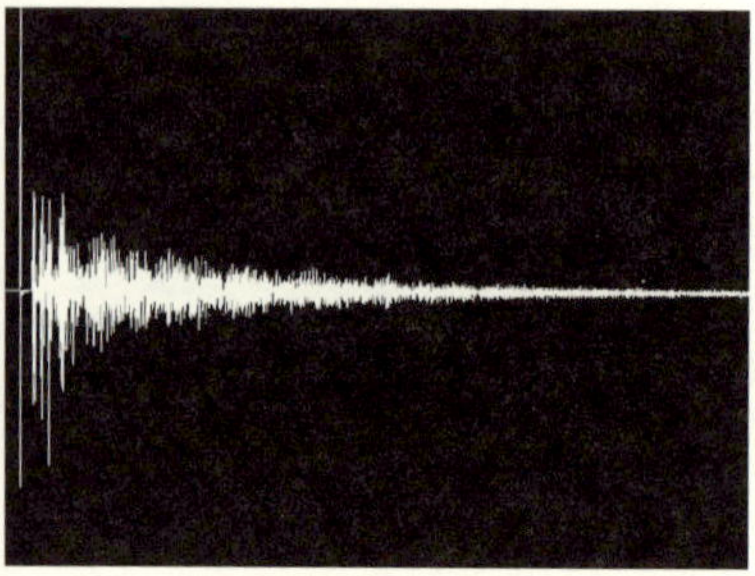

（インパルス応答波形の例）

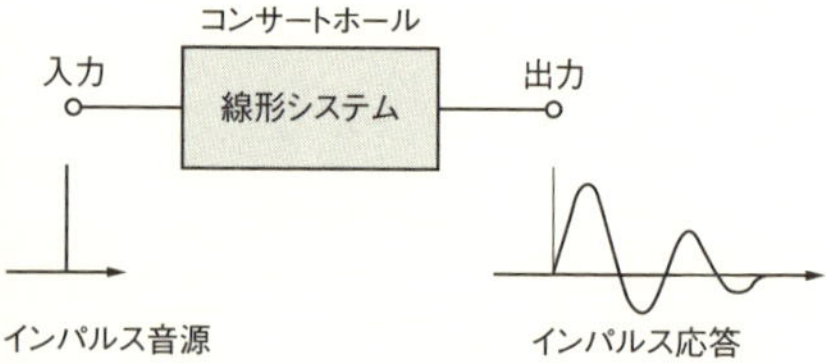

図4　コンサートホールのインパルス応答
ステージ上の音源から聞き手（聴衆または演奏者）の耳までの音の伝わり方は、インパルス応答の中にすべての物理的情報が含まれている。

まずなんといっても〈音量感〉が欲しい。それから〈残響感〉、適当な響きの感じ。長すぎても、短すぎてもいけない。それもただ響いているというのではなくて、やはりステージ上の演奏者からくる音の方向感がある程度はっきりとしながらそれと同時にホールが三次元的に響いている感じが大切。このような響きは人によって表現が違いますが、〈拡がり感〉などと呼ばれています。音に包まれた感じ（響きの中にいる）と言う人もいます。音楽には響きが必要なわけですが、銭湯で歌を唄っているようにあまり不明瞭ではいけないわけで、音楽の〈明瞭性〉ということも大切です。それから、やはりノイズがあってもいけない。これは必要条件ですが。

我々はこういうようなことをできれば物理的に測定できるような量にしたい。なかなか難しいのですが、この定量化というのが、研究の一つの方向です。

ということで、物理的な話になってしまいますが、ホールの音響的な性質を調べる上で重要なものに、インパルス応答というのがあります（図4）。簡単に言えば、私がここで手をパンと叩きます。インパルスですね。これが音源だとすると、これが部屋の中を伝わって皆さんの耳に届く音がインパルス応答です。細かく言うと、皆さんの右耳と左耳には違った音が届いていて、その

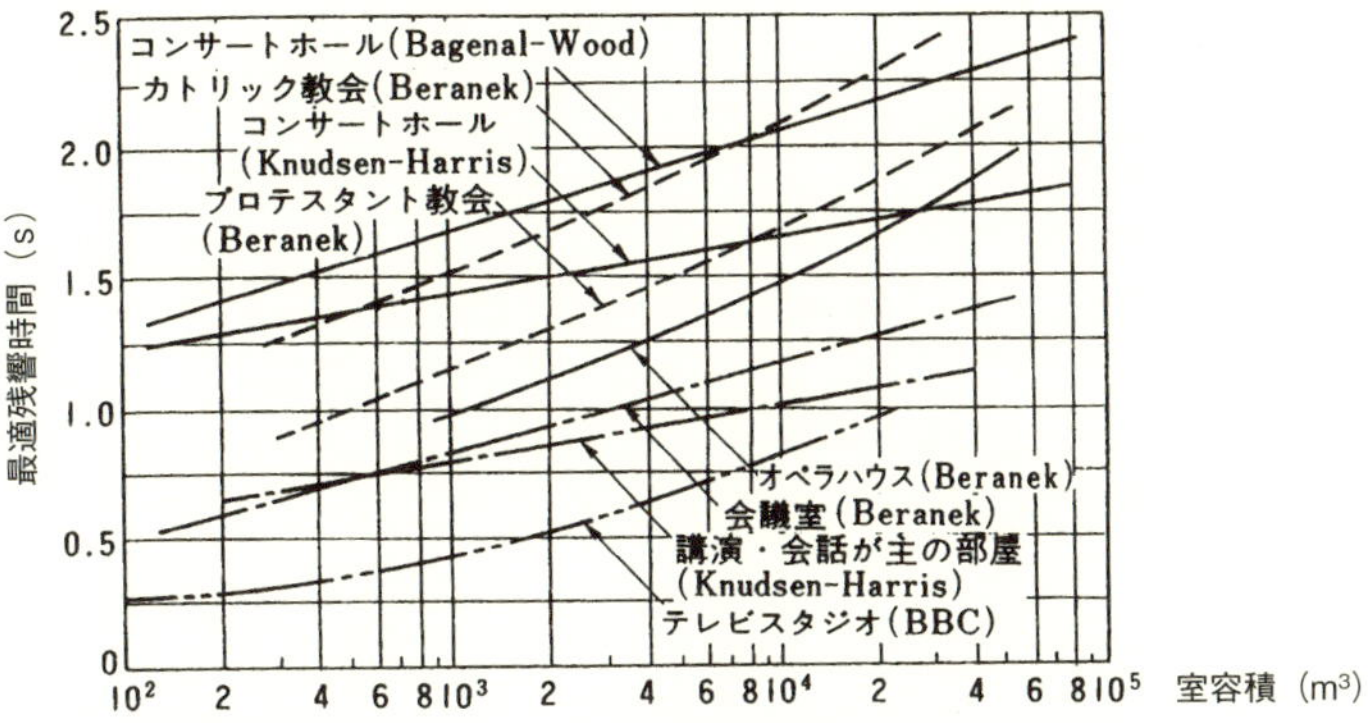

図５　室の用途ごとの最適残響時間の推奨値（500Hz）

違いで音の方向や響きの広がりを感じているわけです。
実際のホールでちゃんとした音源を用いて測定したデータを見ると、もみの木を横にしたようなきれいな減衰波形になっています。比較的自然な響きと言っていいでしょう。このようなインパルス応答から、スピーチの明瞭さ（D値）、音楽の明瞭さ（C値）、残響感（時間重心）などいろいろな聴感的物理量が求められます。

響きについてもう少しお話しします。次に聞いていただくのは音楽ではなくて放送のアナウンスで、まずスタジオで録音された残響がほとんどない音、次にそれに残響時間が一・五秒の響きがついた音、最後に残響時間が五秒の響きがついた音です。

最初の音は明瞭性は一番高いですが、二番目のちょっと響きがついた音の方が自然な感じがしますね。しかし最後の音は響きすぎていて、ほとんど何を言っているのかわからない。実は空港や駅などの大きな空間で、このように音が響きすぎてアナウンスの内容が聞きにくい、あるいはほとんど聞き取れないというところが結構あるのです。それも外国の空港などではつらいですね。このように響きがあれば良いというものではなく、適度な響きが必要だということを理解していただけたと思います。

さて、残響時間にはその部屋の用途と大きさによって適当な値があります。この図5はそのおよその値を示したもので、横軸は部屋の容積です。この図でどの曲線も右上がりになっています。これは、例えばコンサートホールでも、数百人の小型のホールよりも二〇〇〇人以上も入るような大ホールの方が長い残響時間が適しているということです。これは先ほども言いましたように、物理的にも自然なことです。この図でコンサートホールについては二本の曲線がありますが、これは提案者が違うためです。このように最適残響時間といっても絶対的なものではありません。

オペラ劇場については、やはり演劇的要素が強いので、コンサートホールに比べて短めの残響時間が適しています。さらに学校の講堂や会議室では、なんといっても人の声の明瞭性が大事ですから、さらに残響時間は短めに設定する必要があります。クラシック音楽以外のポップス系のコンサートなどでは、電気音響をフルに使いますから、ホールの響きはむしろない方がよい。

実際のホールの音響設計では、このような図を参考にしながら、そのホールの規模や本当の使われ方などを勘案しながら残響時間を設定し、それが実現できるように壁・天井・床などの材料を決めていくわけです。ただし、後で述べるように、ホールの音響設計では、それ以前にホールの形態を決めることが最も大切です。

コンサートホールの形と音づくり

橘　コンサートホールの歴史についてちょっと触れたいと思います。イギリスでは、十八世紀に入って、パブリックなコンサート、有料コンサートが盛んに開かれるようになりました。ロンドンに造られたハノーヴァー・スクエアルームは、一七七四年に建設された八〇〇人くらい入る当時としては大きなホールで、ロンドンを代表するコンサート会場でした。ハイドンやモーツァルトもここで演奏会をやったという記録もあり、ハイドンはこのホールでの演奏のために一連の交響曲（第九三番～一〇一番）を作曲しています。ただし、一九〇〇年に取り壊されてしまいました。

ドイツのコンサートホールの発祥として有名なライプツィヒのゲヴァントハウスは、一七八一年に繊維商組合の図書館を改造したホールです。でも一九四四年に戦災で焼けてしまい、現在のものは、その後に建て替えられたものです。

十九世紀後半になりますと、世界でいろいろなホールが造られるようになります。いまでも残っているのが一八七〇年に建設されたウィーンのムジークフェラインスザール、あの楽友協会の大ホールです。お正月にニューイヤーコンサートをやっているところです。「黄金のホール」と言われるだけあって、本当にキンキラキンです。私も学生たちと一緒に行って音響測定を行ったことがあります。

それから、一八八八年に造られたアムステルダムのコンセルトヘボウは、ステージの形がユニークで、ステージの後ろに合唱席があります。合唱がないときはここに聴衆が入るという、最近多いアリーナ型のはしりなのですね。一方、アメリカでもこれらに匹敵するコンサートホールをということで、一九〇〇年にボストンシンフォニーホールが造られました。小澤征爾さんが長いこと音楽監督を務めておられたホールです。

さて、ホールにはいろいろな形がありますが、これらのホールは基本的には直方体に近い形で、いまでは「シューボックススタイル」と呼ばれています。これは、ホールの形が靴を入れておくボール紙の箱のプロポーションに似ていることからきています。直方体というのは建築的にもごく自然な形ですが、音響的にも非常にまとまった音がつくりやすい。

一方、二十世紀に入って一九六三年に画期的なホールが造られました。ベルリンフィルハーモニーで、段々畑のような客席が舞台を取り巻いて配置されている。これは建築的にはある意味では魅力ある空間でして、聴衆全体が一体感を持ってステージに意識を集中する感じが出るのです。しかし、音響的には非常に難しい面があります。例えば、ステージが真ん中の谷底に来るので、演奏者に反射音（ホールの響き）が届きにくい、分割された客席部の壁からの反射で山びこ現象が生じやすいなどで、音響を担当されたベルリン工科大学のクレーマー教授は大変な苦労をされたとのことです。ステージの上には反射板を吊るして、なんとかステージ上の反射を増やそうとしている。このような反射板は浮雲などと呼ばれています。

このベルリンのホールの形は、段々畑、ヨーロッパではぶどう畑を連想させるということで〈ヴィニャード形式〉と呼ばれています。日本では「ワインヤード形式」と呼ばれることもありますが、どうもこれは間違いのようです。一九八六年に東京の赤坂に造られたサントリーホールもこのヴィニャード形式に近い形です。（写真2）

違った形として、ミュンヘンのフィルハーモニーホールは扇形に近い形です。この形状ではど

写真2　コンサートホールの形態

ヴィニャード型：①ベルリン・フィルハーモニー、④サントリーホール（東京）
シューボックス型：②横浜みなとみらいホール、樽型：③ザ・シンフォニーホール（大阪）
扇形：⑤ミュンヘン・フィルハーモニーホール、楕円型：⑥クライストチャーチ・タウンホールうしても両側の側壁からの反射音が不足しがちなので、壁にいろいろと反射のための出っ張りがつけられています。

一八七一年に造られたロンドンのロイヤル・アルバート・ホールは、平面が楕円形のアリーナ形ホールです。八千席もあり、コンサートホールというよりは日本の武道館のような、イベントホールですね。それでも、ずいぶんコンサートが開かれていて、プロムナード・コンサートなどが有名ですね。私も一度三つのオーケストラが一緒に演奏するコンサートを聴いたことがあります。しかし、後でもまた述べますが、この楕円形というのは音響的には大変恐ろしい形で、「このホールは良いホールだ。一枚のチケットで音楽が三回楽しめる」（要するにバーン、バーン、バーンと音が三回返ってくる）というジョークもあります。いまは音を乱反射させるために円盤状の浮雲が吊るされています。

クライストチャーチのタウンホールも、基本形は楕円で、天井からいろいろな反射板が吊るされています。

いよいよ日本ですが、日本では戦後、なんとか会館というような公共ホールが各地に造られましたが、ほとんどは多目的ホールで、クラシックコンサートから演劇、講演会、歌謡ショーなど、なんでもござれでした。そのような状況で、本格的なコンサートホールもということで、一九八二年に大阪のザ・シンフォニーホールが造られました。このホールは、ヨーロッパ並みの豊かな響きをもったコンサート専用ホールを造ろうという意気込みで計画されました。私の先生が音響設計を担当し、私もお手伝いをさせていただきました。とにかく本格的なコンサート専用ホールというのは日本で初めてでしたので、ヨーロッパのホールを参考にしたり、設計は大変でした。結果的には結構良いホールが出来上がったと思いますが、千住さんの評価はいかがですか。

千住　世界的にみても、素晴らしいですね。もっとも好きなホールの一つです。

橘　このホールは客席数が一七〇〇くらいで平面は樽形です。壁は木の仕上げのように見えますが、消防法の関係から生の木は使えないので、薄い木を石膏ボードに張り付けた板です。ある指揮者がここでリハーサルをしていて、「いいね、やっぱり木のホールは」と言われたのを聞きました。その気になっているだけだと思うのですが……。だけど視覚の影響は大きく、「木で造ると良い響きになる」と、音楽関係の方はよくおっしゃいます。我々の仲間でもそのようなことを言う人がいまして、議論をしたことがあります。私の意見は、残念ながら木で造れば良いという証拠は何もない、悪いという証拠もない、だから、「木で造れば良い音になるなどということを気軽に言うな」と……。おそらくヴァイオリンとか弦楽器の連想があるのではないかと思います。もちろん、木の触感は大変ソフトでいいのは確かですけれども。

千住　私は必ずしも木で造ったホールが良いとは思っていなくて。ある場所で木のホールというのがあって、演奏したけれども良くなかったのです。第一に、木が湿気を思い切り吸い込んでしまっていて、木が乾燥するまでに多分何百年も時間がかかるということなのかもしれませんが。非常に響きも重たかったし、弾きにくくて、難しいなと思ったことがあります。

橘　木の話が出ると私がよく言うのは、じゃあフルートはどうなの？　フルートは木管楽器に分類されているけど、もう木のフルートを吹く人は少なくなってしまい、銀だ金だプラチナだと金属が圧倒的に多く使われています。ヴァイオリンは本当に材料そのものが振動して音を出しているので材質が重要だと思います。それに対して、フルートは管の中の空気が振動して音を出している。ホールの壁もそれが音を出しているわけではなくて、音を跳ね返しているだけですから。

千住　ストラディヴァリが木管フルートを作ったら、もしかしたら良いフルートになるかも。

橘　ホールの形に戻りますが、東京のオーチャードホール、東京オペラシティ、私が音響設計のお手伝いをした横浜みなとみらいホール（一九九七年）などは、シューボックスで、エンドステージ型です。

ヴィニャードタイプのP席（ステージ後ろの客席）で聴いていると、「ちょっと、こっちも向いてよ」と言いたくなることがありますね。

千住　そうですね。音の方向ということでいえば、音はまっすぐ前に飛びます。ヴァイオリンなど弦楽器は物理的にも、f孔から音が出るのだろうと思うんですけれど、私が正面を向いてしまうと、f孔がこっちを向き、斜め横の方に音が出てしまいます。このf孔をまっすぐに向けた方がお客さまに音はパアッと行くのだろうと、ステージに出て行って、左を向いたり、右を向いたり調節することもあります。

音響設計

橘　ホールの平面形を単純化して、長方形、扇形、楕円形、円形としましょう。そこで音響がどう違うのか。面積を同じにしておいて、コンピューターシミュレーションで比較をしてみます。まずステージ上の一点にパルス音源を設定しておいて、時間ゼロでパンと解き放つ。その後、音がどう伝わっていくかを計算します。

最初に、長方形と扇形との違いを……。

いま、ホールのある点からパルスがポンと出ました。長方形では、出たパルスがボンボン、周辺の壁に何回も何回もぶつかって、波の密度がしだいに均一になっていきます。波形を見ると、もみの木を横にしたような自然な減衰になっています。後の方で、ブチブチブチという音が聞こえますが、これは平行な壁面の間で反射が繰り返される「鳴竜《なきりゅう》現象」ですね。

それに対して、扇形ではどうしても一旦後ろの方に行った音が反射されてまた音源があったところに集まってきて、またそれが広がっていく、というようなことが繰り返されます。音を聞いてみますと、バリバリバリ……という感じの非常に荒れた音に聞こえます。波形を見ても、歯が欠けたのこぎりのようで、もみの木とはかなり違っています。

こんどは楕円形とその特別な場合の円形です。まず楕円形での音の進み方です。図形としては大変面白いのですが、音は反対側の焦点に集まった後、また出たところに返ってきて焦点を結ぶ。これが繰り返されるわけです。これを音にして聞いてみると、ものすごく荒れた感じがします。円形ではちょっと違いますが、やはりワンワンワン……という感じになります。このような形では、音が焦点を結ぶわけで、ホールでは望ましいことではありません。

パリのルーヴル美術館の中のひとつの展示室は、天井がアーチ構造で凹面になっていて、床の上に水盤のようなものがちょっと離れて二つ置いてありました。同じ音響をやっている人と一緒だったので、「あ、これは遊んでいるな」と言いながら、二人でそれぞれの水盤に身を乗り出してしゃべってみたところ、お互いの声がよく聞こえました。これは天井面で音が反射されてお互いの位置に焦点を結ぶためです。意図的に作ったのではないのでしょうが、ヨーロッパではアーチ構造の建物が多く、このような音の現象はけっこう知られていたようです。

「ささやきの回廊」というのも聞かれたことがあると思いますが、ロンドンのセントポール大聖堂が有名です。天井はアーチ構造で回廊も円形で、そこでささやいたくらいの声でも、意外なほど遠くで聞こえる。そんなことからウィスパリングギャラリー、ささやきの回廊と言われています。何回目かに行ったときに、ちょうど閉館間際で、最後までねばって誰もいなくなった後に同行の人と試してみたのですが、本当によく聞こえました。

北京の天壇公園にも似たような現象で有名な寺院があります。回音壁と呼ばれていますが、寺院の周りに円形の土塀が巡らされていて、内部の壁際でしゃべるとお互いの声がよく聞こえます。このような音の現象は、それはそれで面白いのですが、ホールでこんなことが起こると大変まずいわけです。

東大和市民会館小ホール

北九州市・響ホール

ウィーン・ムジークフェラインスザールの女神像

写真3　音響拡散デザイン

ホールに行かれて、壁にこういうデコボコをつけてあるのをよく見かけると思います（写真3）。これは北九州市の響ホール、こちらは東京の東大和市の市民会館小ホールです。どちらも私が音響設計を担当させていただきました。このような凹凸は、音を拡散させて、ある方向だけに強く反射しないようにすることが目的です。

響ホールを設計した建築家は大学の同級生で、最初に彼といろいろ議論しました。

「材料は木がいい」と言うので、

「そんなことはない、材料は大事だけれども、まずは形が大切なんだ」と。

「材料は何でもいいのか」

「そうだ、鉄でもガラスでも何でもいいんだ」

「じゃあガラスで行こう」

ということになって、最初は天井も壁も全部ガラスで設計をした。でも、響ホールの音楽監督をされることになっていたヴァイオリニストの数住《すずみ》岸子さんに、「そんなガラスっぽい音はだめ」と怒られてしまいました。ガラスといっても厚いガラスなのですが、やらせてもらえなかったです。それでも、かまぼこ状の壁や二階のバルコニー席の膝隠の部分にはガラスを使いました。北九州は、製鉄（旧八幡製鉄所）が地場産業でしたから、それに因んで溶鉱炉で使う耐火レンガが黄色くて非常にきれいなので、一階の壁に使うことになり、全体として屏風折れの形になるようにデザインされました。

この東大和市の小ホールの壁は、全体として波打った形で、コンクリート打ちっぱなしです。この形は、理想的な拡散形状です。

また四谷にある聖イグナチオ教会は、設計者の意図で平面形は完全な楕円形です。そこで、楕円形の音響的な問題が出ないように、いろいろと工夫をしました。聖壇の反対側の壁は、全体として褶曲《しゅうきょく》した形にレンガを積んで音の拡散を図りました。そのレンガの間に隙間を設けて吸音もしています。

ウィーンのムジークフェラインスザールの大ホールの両側壁には、このような女神像がたくさん立っています（写真3）。これはもちろん二階席を支えるための柱ですが、「この女神たちが音を良くしている」と比喩的によく言われています。私は、こんなものでそれほど音の拡散が良くなるかな、と最初は懐疑的でしたが、実際にコンピューターシミュレーションで調べてみたら、けっこう音の拡散に利いている、女神たちがちゃんと働いていることが分かりました。

さきほど長方形のままの部屋の音を聞いていただきましたが、このように壁に凹凸をつけたり柱を並べたりすると、後の方のブチブチという音はなくなって、自然な残響になります。そのために、ホールの壁にはいろいろな凹凸のデザインがされるわけです。もちろん、建築的に美しくないといけないのですが。

話はまったく変わりますが、さきほどお話をした聖イグナチオ教会で、千住さんにレクチャー・コンサートをしていただいた時にも話をされていましたが、演奏家の方は、暗譜をどのようにされているのでしょうか？　音で記憶するとか、それ以外にも……。

千住　そうですね。音で記憶している人もいますね。でも音の記憶っていうのは、メロディーだけだったら非常に鮮明ですが、和音になったりものすごく速い16分、32分音符のしかもプレストだったりすると非常に曖昧ですね。

絵として記憶します。楽譜の一ページを画像のように見ていく感じですね。ズームアップして。

橘　一度楽譜を拝見したことがあります。グチャグチャに書き込みがありましたが。
千住　これは書き込みがあるからいいんですね。
橘　絵で覚えちゃう。マージャンのうまい人が、牌をきちんと並べなくてもパッと覚えてしまうのと同じ？
千住　そういう感じですよね。ただ、これ楽譜が変わるとだめですね。例えば「ちょっとこの楽譜汚くなったから」って、新しいものに変えて、練習を始めると、全然分からなくなります。楽譜が二つごちゃ混ぜに出てきて何が何だか分からなくなるんです。頭の中で。
橘　どこかのページを見たいと思えば、ポンと行くことも？
千住　それはできます。練習のときに「今日は何ページからやろう」と思って、ページをやるでしょう、そういう感じですよね。「あの難しいパッセージのあるのは四〇ページだったな」と思っていつも練習することがある。次は「五〇ページだ」と思うと、「あ、そうか！　五〇ページは、あの難しい、いつもこうやって開くところだ」っていう情報もあって、映像がすごく鮮明になってくる。
橘　どのくらいの曲数を記憶されているのでしょうか。
千住　三〇分のヴァイオリンコンチェルトが、大体三〇ページって感じでいえば、二〇〇曲ぐらい。

十分の一の模型での音響実験

橘　次にホールの設計のための模型実験の話をしたいと思います。日比谷の日生劇場、大阪のザ・

写真4　横浜みなとみらいホールの1/10縮尺模型実験
ステージ上の音源（スパークパルス）を準備しているところ。

シンフォニーホールなども十分の一の模型を作り音響実験しています。ただ、模型を作って音を出せばよいというわけにはいきません。音の波長も合わせる必要があります。たとえば、一〇〇〇ヘルツだと音速三四〇メートルを一〇〇〇で割って波長は三四センチ。これを模型の縮尺に合わせて十分の一の三四ミリにする必要があります。要するに模型の中で実験する音の周波数は実物の十倍にする必要があります。それと同時に、壁などの材料の吸音率を十倍にした周波数で実物と同じにする必要があります。まあ、それ以外にもいろいろな条件がありますが、このような関係を模型実験の相似則と言っています。

このように音の周波数を変えるために、昔はテープレコーダーに一旦録音した音を十倍の速度で再生するというようなことをしていましたが、最近では、デジタル技術が進歩してきたので、模型の中で放電パルス（図6）を使ってインパルス応答を測定しておき、響きの無い状態で録音した楽器の音とコンピューターで合成することによって、ホールの響きがついた音が聞けるようになりました。模型の中では、人間の頭と両耳を模擬したミニチュアのダミーヘッドマイクロホンを使ってバイノーラルで測定します。

さて、これは横浜みなとみらいホールの十分の一の模型です（写真4）。この模型、実は照明の実験も行えるように作られているので、色もかなりリアルです。製作費は結構高かったと思いますが、正面のパイプオルガンも音が出ます。

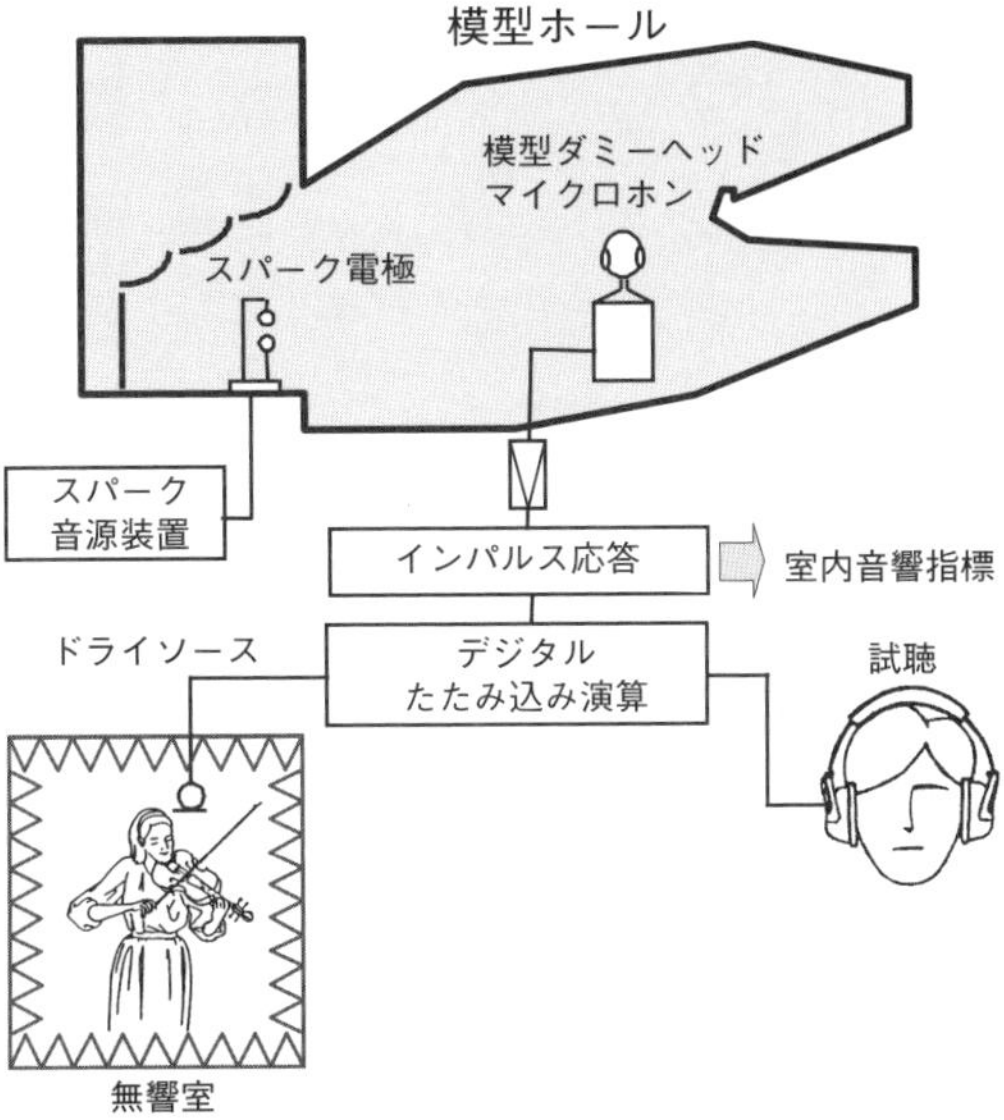

図6　模型実験による可聴化（ハイブリッド方式）
模型実験でスパーク音源と1/10縮尺ダミーヘッドマイクロホンを用いてインパルス応答を測定し、それと響きのついていない音楽をコンピューターで合成することによって、ホールの響きがついた音を試聴することができる。

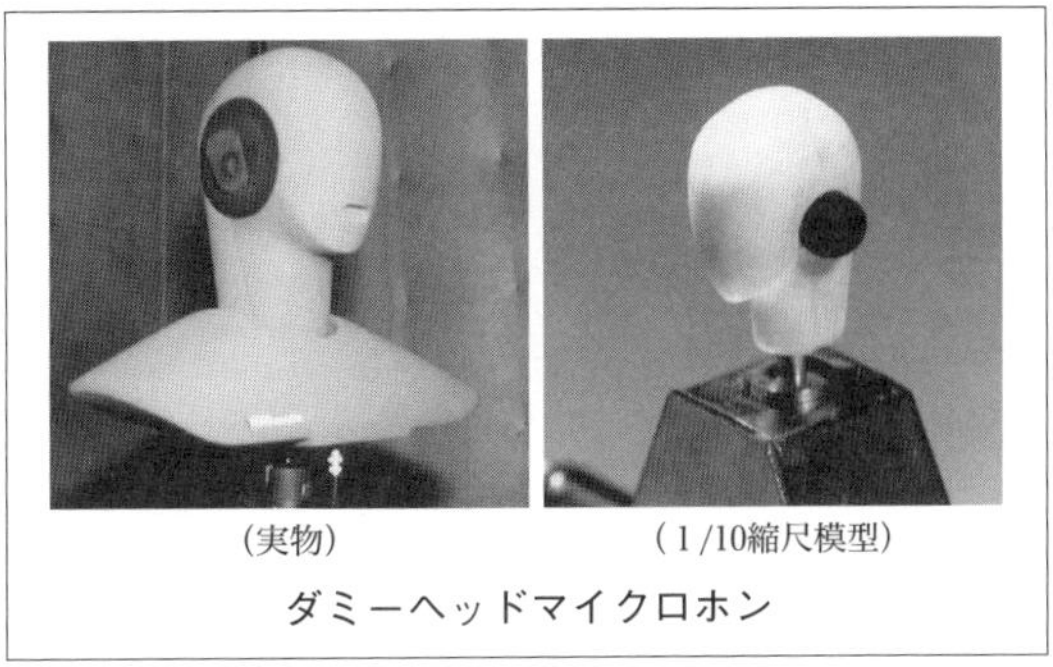

千住　へえ、すごい！

橘　これは、パイプオルガンも音を吸うので、それを調べるために模型まで作ったのですが、それなら音も出そうということになりました。

それでは模型実験の音を聴いていただきます。もちろん、演奏まではできませんが。ステージ上の中央でインパルス音を出した時の客席の前、真ん中、最後部の三カ所で測定したインパルス応答を続けて出します。もちろん、音音の周波数は我々が聞く実物の周波数に変換しています。

さて、聴いてみる音楽としては響きのついていない音なら何でもよいのですが、フルートの音を使った例を聴いていただきます。まず響きの無い音です。次に、さきほどのインパルス応答と合成した音です。ホールの響きがついて豊かな音になったと思いますが、いかがでしょうか。このような実験の結果を音楽関係者にも聴いてもらい、何度か設計を変更しながら、最終的な設計を決めていったわけです。

ステージ・アコースティックス〜音が伸びる・落ちる

橘　次にステージ・アコースティックスについてお話しします。

ステージ上の演奏家が、コンサートホールの音をどのように感じ取りながら演奏しているかという問題です。私たちがホールでよい音楽を楽しませていただく前提として、演奏家が演奏しやすい、気が乗った演奏ができるということが第一条件ですよね。

私は、ホールの音の問題とは別に、環境騒音の研究もやっていますが、騒音の影響を調べる実験では、正常な聴力をもった多数の人に来てもらって、こちらがあらかじめ準備した質問に答えていただければ大体すみますが、ステージ・アコースティックスではそう簡単にはいきません。対象はホールでの演奏経験が豊かなプロの演奏家でなければならないし、楽器の種類も多い。また我々が質問するにしても、演奏家が何を感じながら演奏しているのか皆目わからないので、決まりきった質問もできない。そんなことから、ホール音響を研究している人は多いけれども、この問題にはなかなか手を出せなかった。

実は、今から二十年以上も前のことですが、あるコンサートホールが出来上がって完成後の測定に行ったのですが、ステージ上で手を叩くと、ずいぶん遅れてドシャーンというようなエコーが返ってくる。いわゆる山びこ現象ですね。これはいかん、ということで多少手直しをしたのですが、すぐオープンしてしまいました。これはきっと文句が出るぞと覚悟していたのですが、なにも言ってこない。そこでホールの関係者に恐る恐る尋ねたところ、演奏家からけっこう評判がよい、ということでした。当時の我々の知識では、そんなはずはない、どうしてかな？ということで、実験室で電気的な音響シミュレーションの技術を使って調べてみることにしました。これがステージ・アコースティックスの研究のきっかけでした。この実験で初めて千住さんにご協力をいただきました。覚えていらっしゃいますか？

千住　ええ、覚えています。

橘　この実験では、無響室の真ん中で千住さんに演奏をしていただき、その周辺に並べたスピーカーから疑似的な残響をつけました。最初、千住さんは、「音が伸びないな」とおっしゃるので、残響が短いのかなと思って電気的な残響を長くすると、こんどは「うるさい、うるさい！」と。それで、少し遅れて正面のスピーカーからドッシャーンと返ってくる跳ね返りをつけたら、「あ、音が伸びた」とおっしゃった。

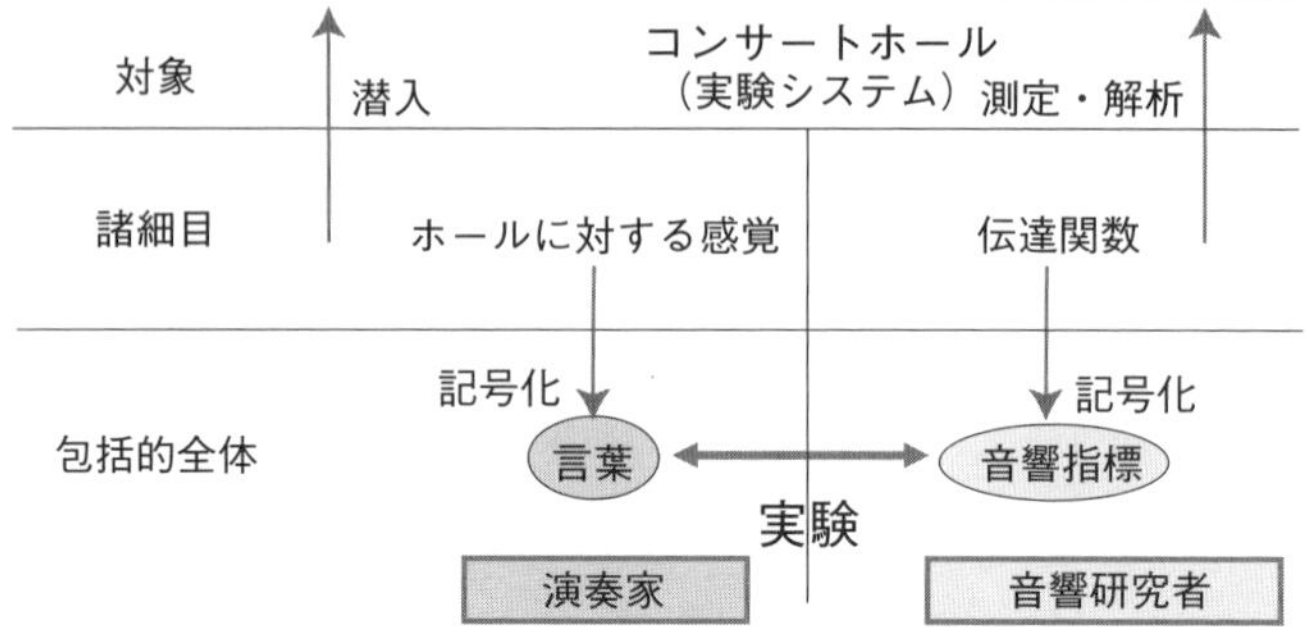

図７　演奏者による主観評価実験とホールの物理的解析
演奏者は楽器の演奏を通してホールの響きを感じ取り、その印象を自由に言葉で表現する。音響研究者は測定を通してホールの音響的特徴（伝達関数）を把握し、演奏者の印象を客観的に表す聴感的物理指標を模索する。

「音が伸びた」というのはどういうことか、それが良いことなのか、悪いことなのか、そこから研究が始まったといってもいいと思います。それからずいぶん経ちますが、いまだに完結はしていません。

ところで、暗黙知という言葉がありますが、これは言葉にして表現はしないけれども、感覚では分かっているという意味です。もっといえば、楽器を弾いているけれども、楽器を通してホールを鳴らしているのではないか。またホールの響きを感じながら演奏しているのではないか。その感覚が演奏家には大事で、そのへんが分かっているから、一種の手応えを感じながら演奏しているのでは。認知学ではこれを〈潜入〉とか〈暗黙知〉と言うようです。

潜入＝対象への身体感覚の延長
暗黙知＝言語化せずに知ること

つまり、演奏家は楽器を通してホールへと身体的感覚を延長し、それを自己の内部に包含する。

普段、演奏家というのはホールの響きを記号化したり、言葉で表現する必要はないわけです。しかし、実験では、千住さんには、楽器やホールに潜入して感じたことを、いろいろな言葉で表現してもらっています。逆に、千住さんが「残響時間が何秒で長すぎる」なんて言われてはこちらが困ってしまう。あくまで「あそこの響きはこう」と、主観でいてほしいのです。

我々の立場としては、それがどういうことか、測定・解析を通して探りたいわけです。図7には伝達関数と書いていますが、インパルス応答などの物理的測定を通して何か心理的な印象を表す指標を導きたいと思って研究しているわけです。

実際のホールでも実験をしたことがあります。オーチャードホールのステージ上で、我々も千住さんの横に立たせてもらってステージの立ち位置、響きなどについてお尋ねしたことが……。

千住　そう、オーチャードです。演奏会の前に来られて、調べていましたね。本当に板一枚、数十センチ、舞台の立ち位置が変わっただけで響きが違うんです。

橘　そう、ちょっと立ち位置を変えただけで「違うでしょ」と言われても僕には全然分かりませんでしたが。やはり自分でアクティブに音を出しながらの反応と、パッシブに聴いているのとではずいぶん違うのかも。

このようなホールでの実験というか調査もすごく面白いし大事なのですが、ホールの響きの条件を変えたり、異なるホールの比較をすることは不可能です。そこで、このような状況を何とか実験室で再現し、条件をポンポン変えながら実験できないか、ということを考えました。

ホールでの演奏の状況をシステム的に考えると、ここに音源（ヴァイオリン）があって、そのすぐ横にプレーヤー（千住さん）がいます。この場合、ホールへの音の入力点とそれを聞くという出力点がこんなに近いわけで、演奏者の耳には音源からの直接音が圧倒的に大きく聞こえている。それにもかかわらず、演奏者はホールの響きを感じ取りながら、それに応じた演奏をする。

実験では、ちょっと乱暴なのですが、楽器を、四方八方に音が出るように作ったスピーカーに置き換えてインパルス音を放射する。それから三〇センチ離れた点を演奏家の耳の位置とし、そこに返ってくる音をマイクロホンでつかまえる。その場合、指向性マイクロホンを用い、その指向性を三次元X・Y・Zのプラス、マイナス、合計6方向に向けた条件で方向別のインパルス応答を録音する。

実験は無響室を使います。このシステムでは、X・Y・Zのプラス、マイナス6方向にそれぞれスピーカーを置き、その中央で演奏をしてもらう。そのすぐ近くで楽器からの直接音だけをマイクロホンで拾って、ホールで測定してきた6方向のインパルス応答とコンピューターでリアルタイムで合成（たたみ込み）する。そうすると、演奏者はそのデータを取ってきたホールのステージ上で演奏しているような感じが得られる。我々は、このような方法を「6チャンネル収音・再生方式」と呼んでいます。スピーカーで音を再現しているので、音質面ではまだ完全ではないのですが。

それでも、千住さんは、「あ、これは〇〇のホールじゃない？」と的確に応えておられました。これはすごい。測定値を見ると差はちゃんと出ているのです。

こんな方法で、ホールの条件を変えながら実験をしましたが、千住さんは、言いたい放題におっしゃっていました。

千住　そうそうそう！

橘　千住さんは、大きなホールでのコンサートのとき、ひな壇（ステージライザー）を上げて演奏されます。ひな壇を上げる理由は？

千住　音響のためです。音が聴こえやすいのです。必ず出しています。

橘　そこで、ひな壇あり・なしの条件についても実験したところ、その違いを的確に当てられました。演奏者の耳元に戻ってくる音を調べると、ちゃんとひな壇有り無しの違いが出ている。私もフルートを吹いて試してみたのですが、まったく分かりませんでした。この辺がプロとアマの違いなんでしょうね。

ついでに、客席内に伝わる音についても実験しましたが、ひな壇があると、やはり反射が増えている。ステージの上で演奏していて、どんなふうに違うのですか？

千住　ひな壇があると、音が近くなったような気がする。音がまとまったような気がして、ひとりで弾く場合はこっちのほうが好きですね。それから、ひな壇なしのときのように、音が混ざらないように注意しなくても弾ける安心感があります。

橘　それから、「響きがなくなったわけではないのに、規模の小さいホールになったような感じでとても弾きやすい」と、おっしゃっていますね。

千住　そうなんですよね。ですから自分ひとりで無伴奏で弾くときと、ピアノ伴奏付きで弾くときは、要するに室内楽のときは、ひな壇をつけた方が、小さいまとまりの中で音楽をつくっていける。

橘　それは演奏家どうしではなく、客席も含めて？

千住　そうです。ホール全体の音楽づくりとして、演奏上の細かい技を聴かせられる。ところが、オーケストラが来た場合もそうですが、ひな壇がない場合は、細かい部分ではなくて、もっとダイナミックな音楽をつくっていかないと、届かない不安感がありますね。

ですから、ひな壇がないときには、客席の後ろ三分の一くらいのところ、あるいは二階席、三階席の後ろをターゲットにして、音を届かせるイメージをしながら弾きます。ひな壇があるときは、客席の真ん中あたりにターゲットを持ってきても、後ろまで届いている感じがします。

橘　やはり演奏家はそれなりの耳を持っているというか、レスポンスを感じながらやっているということですね。

　そこで、演奏家はホールの響きの印象をどのように言葉で表現されるか、千住さんにいろいろな演奏会での主観的な印象をメモにしていただいたのですが、このときにもびっくりしました。「音が伸びる、音が残る」とか。

千住　これは面白かったですね。最初私が、音が伸びるとか、音が落ちるとか、音が回るとか、散るとか……すると先生が、「音というのは、伸びたり縮んだりするものではありません」と。ですから初めは、お互いに意思の疎通ができない、言葉で通じ合わないのですね。先生のおっしゃるインパルスなんだのは、私には分からない。意思の疎通ができるまでにずいぶん時間がかかったように思います。

橘　だけどそれがまた面白い。でも「音が落っこちる」なんて言われても。

千住　落ちるんですよ、本当に。ええ、途中でポンと。

橘　分かったような気もするのだけれど……それがどういうことなのだろうと考えてしまう。ホールを造るときにそういうことが起こらないようにするにはどうすればいいのだろう、これが僕らのテーマなのですね。図8は、千住さんが言葉で表現された印象を「好き、良い」と「嫌い、悪い」のベクトルに分けて整理した結果です。

　これを見ると、ボリューム感がある、音が透き通った感じ、反応が早い、近すぎない距離感、金属的とか固いとか、これはまあ普通に我々も言いますよね。それから、返りがじゃまになる、

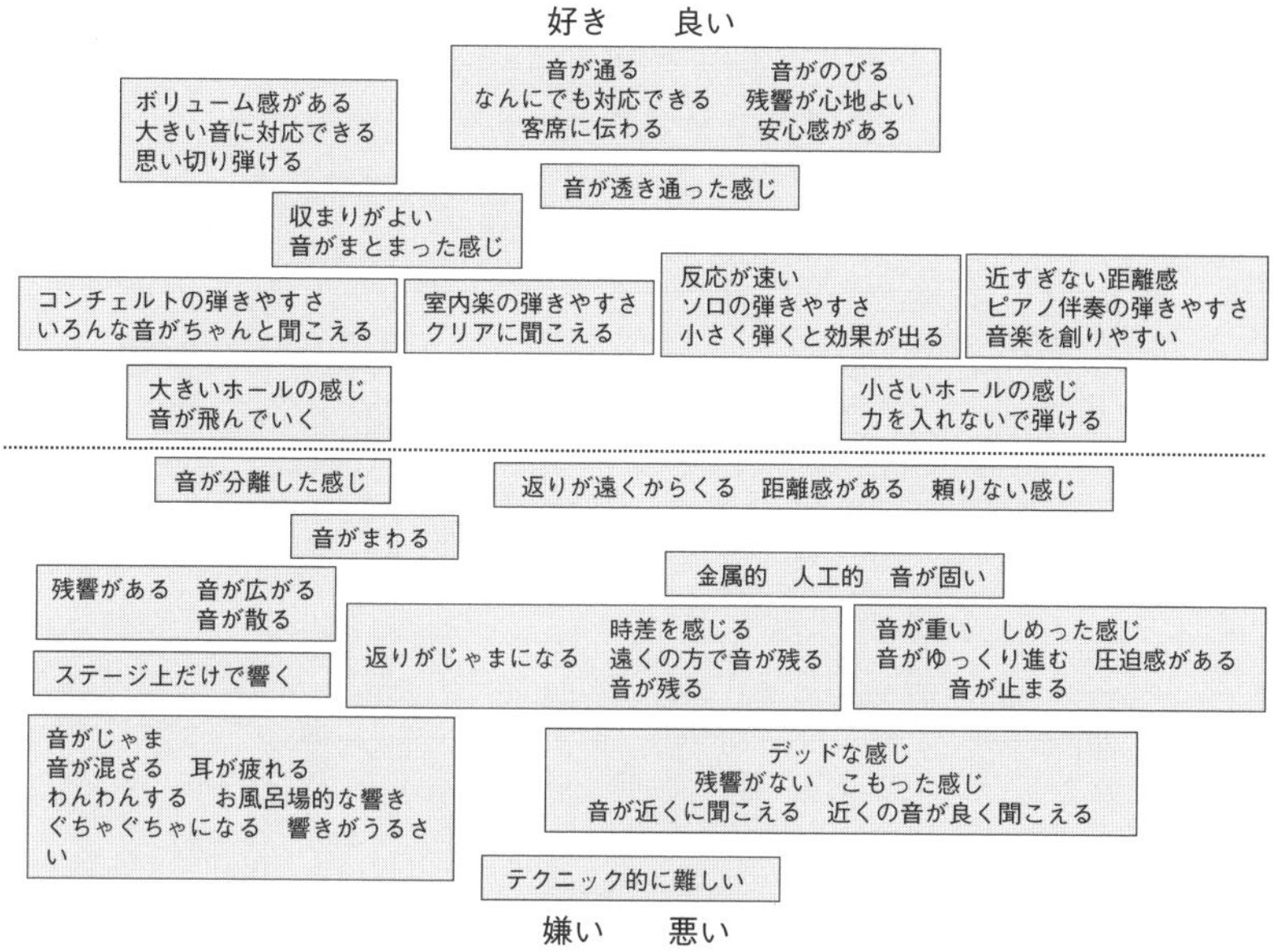

図８　ホールの響きに対する主観的印象（著者）

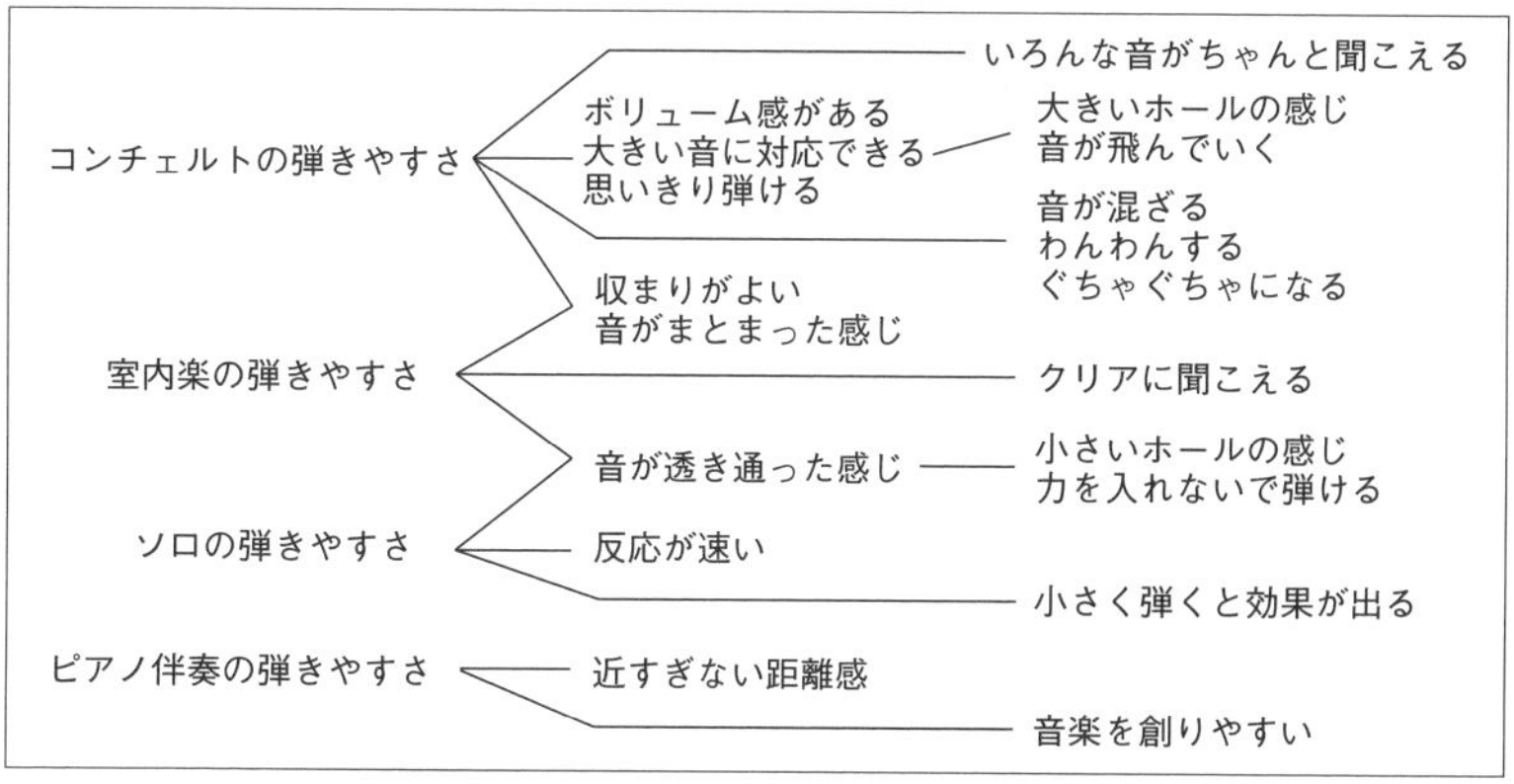

図９　演奏形式別に見たホールの主観的印象（著者）

ステージ上だけで響く……これはよくあることですか？
千住　ありますね。
橘　これなどは面白いですね。音がゆっくり進む。物理的には、音速は一定なんですけどね。
千住　そう。ゆっくり進んだり止まったりするのですよ。
橘　音が重い……、なんかそういう感覚があるのだろうな、というのは僕らにも分かるのですが、それが物理的にどういうことなのか。よく、「この楽器は遠鳴りがする」などと言われますが、これも分からない。物理的には、ある大きさで出した音の減衰のしかたは決まっているのですけれども。
だけど、感覚としてはある。近くで大きな音で聞いてもうるさく感じず、それが遠くでも聞こえる、というようなことではないか、と僕は思うのですが。
千住　「遠鳴り」というのは、近くで聞こえない気がする。どんなに弾いても「これ響かない、向こうに絶対聞こえてないだろうな」と思うような楽器が、意外と遠くまで届いている。逆に、「近鳴り」というのは、近くで聞くとすごく大きな音が出るから、これは向こうまで届いているだろうな、と思うと、全然聞こえてないです、と言われる楽器。
橘　物理的にはちょっと説明が難しい……。おそらく、量だけの問題ではなくて、音色とか音質が関係しているのでしょうね。
千住　そうだと思いますね。
橘　次に、図9では、コンチェルトの弾きやすさ、室内楽の弾きやすさ、ソロの弾きやすさ、といった区別をされています。
千住　このホールはコンチェルト向き、ここは無伴奏向き、というホールもあるし、弦楽器の室内楽をやったらいいけど、ピアノ伴奏だと難しいな、というようなホールもあります。ホールの性格ということでしょうか。

橘　イザイ全曲演奏をされていますが、パガニーニにしても、あれだけのテクニックを披露するには、あんまり大きいホールだとだめでしょう。

千住　意外と良いホールもあるのですよね。大きいホールで、大きさを感じさせないで、要するにひな壇を上げて、このホールならば大きくても弾ける、というホールもあります。だから小さいから良いというものでもなくて、小さいホールで無伴奏を弾くと――嫌な例というのは、自分の音が近くに聞こえすぎて音楽づくりができない、全部が近くに聞こえてしまって。いろいろなニュアンスを出したいのに、どんな大きい音も小さい音も近くに聞こえてしまう、という小ホールで結構あります。小さいホールだから無伴奏が良い、というわけではないです。

橘　この図の中に、音がぐちゃぐちゃになる、というのがありますが？

千住　自分自身でもぐちゃぐちゃになるし、ピアノ伴奏が入ってくるともっと「もうこれ何を弾いたって分からないんじゃないの？」というくらいに。こういうホールが結構あるのです。そういう時はどうするかと言うと、なるべくヴィブラートを少なくして、いつもよりゆっくり目に弾くわけです。

橘　一つ大きな課題として、リハーサル時の空席のときと、本番で満席のときとでは、ものすごく響きの量が違う。その差をできるだけ少なくするために、ホールの椅子はなるべくフカフカにしてある。あれは座り心地のためだけではなくて、人が座っていないときは、人間のダミーとして音を吸ってくれるようにしてあるわけです。

ところが、ウィーンのムジークフェラインスザールなんかはベンチに近いような椅子です。なぜかというと、あの椅子を取っ払って、舞踏会をやったりパーティーをやったりと、実は多目的なわけです。

千住さんのリハーサルに僕も何度かお付き合いしたけど、本番とは響きがずいぶん違う。その辺はどういうふうにされているのですか？

千住　だいたい予想をするのですね。リハーサルでだいたい響き過ぎていても、立つ位置を自分で決めるときも、ピアニストと一緒に決めるときに、「多分今日は結構お客さまが入るから、そうなってくると音が吸われるから、響き過ぎくらいでやっていこう」とか、そういうふうに予想をしています。予想が大きく外れるときもあれば、「意外と予想通りだったわね」とピアニストと話をするときもあるし。予想するしかないですね。慣れているホールは、もう大丈夫ですけれど。

橘　ウィーン・フィルハーモニー管弦楽団がムジークフェラインスザールで『春の祭典』のリハーサルをしているのを聴く機会がありましたが、ものすごかったですね。あのホールは空《から》だと残響が三秒以上ある。それでも、本番になるとちゃんと収まっていました。フランチャイズで彼らは慣れているから、予測がつくのでしょうね。

ホールで演奏をされていて「これはどういうこと？」というのはありませんか？

千住　これは、ステージの上で演奏してみないと「ああ、これなのか」というのが分からない感覚がずいぶんありますね。「音が止まる」というのは、本当に音が止まるんですよ！　ピアニストの藤井一興さんなんかとも、「このホール音が止まっちゃうわね」なんてよく話します。「止まる、止まる。どうやって伸ばそう」ということはあります。

橘　あるオーディオエンジニアが、イベントのスピーカーのセッティングをしていて、「このスピーカーは音速が速いんだよな」なんて言うのを聞いて驚きました。物理的には理解しがたいのですが、そういう感覚があるのでしょうね。

千住　そう、感覚の問題だからこればかりはね……。

橘　先ほど、「音が伸びた」とおっしゃいましたが、私なりに考えてみて、これは実は音の返りなのではないかなと思います。

自分が弾いた音が客席の後ろの方から少し遅れて返ってくる。それで、自分の音が後ろの方にも届いている、という感じがするのではないでしょうか。猟師が鉄砲を打って手応えがあった、というのもよく分かりませんけれども、何かそれに似たようなことがあるのではないか。もちろん、返りが強すぎると邪魔になる。しゃべっているときに音が返ってくるととてもしゃべれなくなる。

同じような実験を千住さん以外の演奏家にもしていただきましたが、人によって表現は違うのですが、反射がちょっと聞こえた方がおおむね印象が良かったようです。ソプラノの人だったかな、「筋が通った」と言っていました。

千住　ああ、なんか分かる。多分、音の芯が通ったのですよ。音に芯は必要ですね。芯のない音、フニャフニャって行っちゃうホールってあります。

橘　東大和市の市民会館小ホールでは、客席の後部に開き角が九〇度にできる反射板を取り付けました。これはこのような反射音をつけるためで、ヴァイオリンのソロだとか、小規模のコンサートのときには、役に立つのではないかと思っています。講演などのときには、反射板の角度を開いてしまえば反射音はなくなる。

最後の質問ですが、千住さんはリハーサルの時に関係者に客席部分に立ってもらっていて、反応を聞かれていますよね。

千住　ホールの席で、自分の演奏を聴いてみたいですね！

橘　そんなことは不可能ですが、シミュレーションであればある程度可能です。どうするかと言いますと、まず先ほどお話ししたステージ上の条件を録音する際に、同時に客席でも何点か6チャンネル方式でインパルス応答を収録しておきます。実験では、先ほどお話ししたような方法でステージ上の条件で演奏していただきます。その後、コンピューターの中のデータをステージから客席へのデータに置き換え、ヴァイオリンの近くで録音した音と合成し、それを六つのスピーカーの中心で聴くと、あたかもその客席へ届いている音が聞こえる、というわけです。ある決まった席しかデータをとっていないですから、あっちで聞きたい、こっちで聞きたい、と言われても困りますが。

　実際に、このシミュレーションの方法を使った実験もしました。演奏家はステージ上の条件のシミュレーションで、その響きに応じて演奏をする。その直後に、「今、あなたが演奏した音は、この客席ではこういうふうに聞こえていますよ」ということで聞いてもらう。そうすると、反応が面白いですね。

　この実験も、まず千住さんにお願いしましたが、「イメージしたより音が上の方に行く、どちらにしてももっと遠くに聞こえるかと思ったら意外と近くに聞こえる」「一階席よりぐっと距離感がある」とか、いろいろおっしゃっていました。その他の楽器としてフルートとオーボエ奏者にもお願いしましたが、「大体予想したとおりだ」とか、「こういうふうに聞こえるのなら、ちょっと演奏を変えなくちゃ」というような反応もありました。演奏者には一種のフィードバックがかかるわけですね。

千住　ええ、こういうふうに聴こえるんだったら、もっとヴィブラートをはっきりさせた方がいいかなとか……。

　先生には二回にも三回にも分けて講義していただきたかったくらい、内容の濃いものだったと思います。ありがとうございました。

橘秀樹（たちばな・ひでき）　元・千葉工業大学情報科学部教授、東京大学名誉教授、工学博士、専門は音響工学。（本稿は橘先生のパワーポイントと音源を交えた講義を対話形式に、図版も選びまとめています。）

第四回講座

心で奏でる音楽

サウンドスケープ

千住　第四回目の講座となりますが、今日は、私がたいへん尊敬する山岸健《たけし》先生（理論社会学、文化社会学、日常生活の社会学、慶應義塾大学名誉教授）にお越しいただきました。私が大学一年のときに先生の講義を聴いたのが、先生との出会いになります。

この大学一年の時というのは、私自身が演奏活動に非常に悩んでいたときでした。

この頃の先生の授業というのは、ものすごく私にとってインパクトがありました。毎回講義のたびに衝撃を受けるような内容であり、ヴァイオリン演奏の目的とか、あるいは人生の目的、演奏スタイルとか、何のためにヴァイオリンを弾くのか、というようなことに至るまで、先生の講義の中から、さまざまな答えを見つけることができました。

先生のお話から、皆さんもさまざまなものを感じ取っていただければと思います。

山岸　こちらこそどうぞよろしくお願い致します。何十年か前に、慶應義塾の日吉キャンパスで、私が教養科目の「社会学」の講義を一年間担当したときに、千住さんが一番前の席で私の講のかと思います。

情熱だけは十二分に傾けて授業にベストを尽くしたので、千住さんの記憶に残った部分があった義を聴いてくれたのではないかと思います。千住さんに特別のことができたとは思いませんが、

私はこれまで長い間、千住さんからずいぶん力や元気をもらったのです。いろいろなことがあって、千住さんも相当苦しい思いもされたと思います。あらゆる音楽ジャンルの最先端に立って、ひたすら努力とトライアルをして、実験的な試みにも挑戦し、また、国際的な舞台でも活躍されているので、私は「千住さん頑張って」という思いで、応援の旗を振っております。

千住　ありがとうございます。先生は社会学というよりも、私の目から見ると、哲学者であり、そして芸術家であると、社会学といっても単なる社会学者ではないというふうな捉え方を私はしていています。先生から教わったものも、単なる社会学ではなくて、これは芸術学であり、そしてまた哲学でもあるのですね。

一番私が印象に残っているのは、先生の授業の中で、窓から人はそれぞれ外を見ると、窓枠が一人一人あって、自分の心の中に窓枠があって、その窓枠から社会を見ている。「でも窓枠から見た社会は本当にその通りなのだろうか？」ということが、一番初めに先生がお話しになった言葉でしたね。

そうではない。窓枠から、例えばこのペットボトルがこういうふうに見えて、私の方からは赤い大きな文字が見えるけれども、向こうの方からはその文字は見えないで、この細かい注意書きが見える。私はこういうものだと思い、そちらに座っている方はこの細かい字のものだと思う、と話された。

「だから、見えているものが違うのだから、自分のメジャーですべてものを考えるのではなく、

いろいろな方向からものを考えていかなければ、一つの真実には到達しない」という講義を聞いて、もう本当にこれは目からうろこでした。

それから何回もうろこが落ちるのです。先生がおっしゃった社会学というのは、「これはこうだ」という定義ではなくて、定義がないということ、定義をこえた現実があるということ。人間というのは、定義やメジャーがほとんどない状態で生きている、時には何の標準基準もない、それが人間なのだということが、一番の驚きでした。

そのように音楽を捉えていったときに、先生はいろいろな発想が、私とは全然違う発想で話されるので、面白かった気がするのですが……。

山岸　ここに、千住さんに一つボールを投げたいと思います。それはですね、音楽というのは「音の楽しみ」と書くわけです。確かに耳に触れて楽しい音もあるし、元気が出る音もある、うつむきたくなるような音もあるし、耳に触れるか触れないかという音もあるでしょう。

音は楽しみであり、音の楽しみ、音の慰め、それから音によって元気づけられることもありますから、勇気といってもいいし、千住さんの言葉を使えば、音楽の力と言うべきかもしれませんね。今日ここで、特に重要だと思うのは、音楽を理解するときに、「音楽と音」という問題設定を試みたいということです。

音楽を深く理解し、音楽を深く愛好していくためには、あらゆる音に耳を澄まさなければならないと思います。千住さんは、子どものときからいろいろな音になじみ、音楽と親しんでおいでになったと思いますが、ご自分の生活歴、社会学的に言うとライフヒストリーですが、千住さんの音と音楽体験をお話しくださいませんか。

千住　音楽体験……、記憶にあるのは、兄たちの下手なヴァイオリンやピアノの音で、ピアノの音が大きくてうるさいなと思った記憶がありますね。

〈ヴァイオリンは、面白そうだな、変な音が出て、面白そうな音が出ている〉

　これが一番初めに私の耳に入ってきた音です。それから常に私の周りには、兄たちの練習しているヴァイオリンかピアノの音がずっと鳴っていた。

　次に私が小学校の高学年くらいになると、兄たちはヴァイオリンをやめて、エレキギターとか、ドラムをやっていました。私がヴァイオリンを一生懸命練習していると、二階では、いま作曲家になった兄がドラムを叩くのですよ、ズンチャズンチャズンチャ……と。「うるさい！」と言うと、「そっちもうるさい！」と毎日兄とは喧嘩でしたね。近所はきっとうるさかっただろうと思いますよ。多分我慢してくださったのだろうと。

　それから高校の文化祭などで、一番上の兄がエレキギターを弾いているのを見ていましたが、これがまたすごい大きな音で、うるさかった。

　その頃、私は一人の世界に入ると、ヴァイオリンを弾いたり、オーケストラやピアノのリサイタルを聴きに行ったりしていました。

山岸　いまのお話はとても重要ですね。家族生活、兄妹関係、家庭の居住環境、もっと言えば家の音環境（サウンドスケープ・音の風景）ですね。そのサウンドスケープの中に音楽がいろいろな形で入り込んできているわけです。

　ところで、どんな人間の場合でも一番気になるのは「いま」と「ここ」です。これからどうすればいいのか、いま何をすべきか、取り違えると具合の悪いことになります。ところが、「現在」という言い方をすると、現在にはこれまでの過去が全部深く染みとおるように入り込んでいるわけですね。過去というのは、ずっと向こうの過去もあるし、つい最近の過去、昨日の過去、一時間前の過去もあります。たちまちすべて過去になっていって、過去の回転のなかで生きているような感じがするけれど、過去によって現在が裏づけられていて、現在において過去を踏まえて未来が展望される、ということになる。

こうしたことは、シンプルに考えれば誰でも分かる話です。過去と現在と未来をどういうふうに関係させながら、自分自身の生活と生存の舞台をかたちづくっていくのか。人間は自分が生きることができる世界を築きつづけなければならない。

音楽とか音によって、空間と時間が意味づけられていくということ、素晴らしいことですね。音楽はきわめてアクティブなものだと思います。音楽によってつくりだされる現実というか、クリエイティブな世界があります。世界の創造といってもいいわけです。世界の創造が、音楽によって成し遂げられる。ベートーヴェンやチャイコフスキーやバッハの力があるし、また演奏家の創造的な独特な力もあるのです。

演奏をどういうふうに理解されますか？

空間を意味づける〜二〇〇〇本の筒

千住　演奏!?　私はいまでも悩んでいるのですね。演奏って一体何なのだろうと。

いま先生がおっしゃった「空間を意味づける」ですが、例えばいま演奏会が始まるとすると、いまの時間空間を意味づける、それが演奏かなと、広く言えば。つまり、その空間が五〇〇人のホール、あるいは二〇〇〇人のホールであっても、五〇〇人のホールならば五〇〇人のホールの大きさで、私の音がガァーンと膨張するというイメージで、意味づけられていく。二〇〇〇人、三〇〇〇人であれ、そのホールがさらに自分の目線でもって一つの意味づけになっていく、ということになるのですね。

演奏家として、空間に音を意味づけていくということは、ある意味すごく面白いことで、空間に音で絵を描いているような、そんな感覚がいつもありますね。

先生が初めにおっしゃった「音と音楽」、どっちがどうなのかなと思うことがあります。音というのは、音ですよね。ウーと出した音。音楽というのはフレーズであり、フレーズがいくつも重なって一つの曲になる、作曲家の作曲した音楽。どっちがどうなのかなと、いつも悩みながら演奏するのですが……。

私の中の価値観は〈音〉なんです。音楽よりも音なのです。というのは、一つの音を出したときに、そこに何らかの自分の心が、非常に密度の濃い心が入ったときに、フレーズとしての意味づけがなくても、音として「ワァー」と出したとき、それが非常に人の心に届いていく、ということがあると信じています。

実はオペラを聴きに行って、一人の聴衆として感動したのですね。そのときに「あ、これだな」と思ったのは、その歌い手が声を出したその声、それはメロディーに感動したのではなくて、その時の悩ましい声、一本の声に非常に魅了された。その声は、しかも、その場にとどまっていなくて、その歌い手のところから会場の後ろの方まで、スーッと目に見えるほど、直線的に動いていた。そのことに私は非常に感動して、演奏するというのは、ステージの上でパフォームするというのはこういうことなのだと、そのときに思いました。私にとって演奏というのは、音を出す、ということなのですね。

山岸　すごい！　最も私が期待していたことを一発で明確におっしゃったから、拍手したいと思います。音ということに非常に力を入れていただいたのはうれしいですね。

私は、楽器をまったく弾くことはできませんが、皆さんと同様に聴く喜びと楽しみを身に染みて感じています。そこでいま千住さんが、音ということをあえて取り上げていただいたのは、とても重要だと思います。作曲の武満徹さんがここに座っておられたら、三人で握手をしたいくらいですよ。

武満さんは〈音〉なのです。どのような音であれ、一音。一音があって一音があると、その音と音の間に〈間《ま》〉があるわけですね。間の取り方というか、静寂、沈黙があります。そうすると、一音が静寂によって意味づけられるのです。

「意味づける」なんと悩ましい表現かと思われることでしょう。意味づけることは、方向づけることだということを、理解しておいてください。

武満さんは、「音の河というものが流れている」、それから、「音の大地がある」と述べています。

世界には（というか、環境には）、私たちの身辺には音の河が流れている。その音の河から音をすくい上げて、そうして一音一音に注目しながら、自分なりに音の庭をつくっていく。武満さんの作曲というのは、「音の庭をつくること」です。

さらに、武満さんいわく、「ベートーヴェンの音楽というのは、建築を造るような、大伽藍を造るような、そういうふうな音楽形式と音楽のコンポジションだ。ところが、東洋の音楽や特に日本の音楽というのは、地面を掘り下げていって、穴掘りみたいにして、土を掻き出していくのだ。」そういうふうな音づくり、音の意味づけがあるので、武満さんの作曲は、聴いてもちょっと分かりにくい部分があるけれど、印象深い。

多分、千住さんの場合、ヴァイオリンを弾いておられて、生き生きとした輝かしい音を、そのホールにいる聴衆の方々に、どんな方法をもってプレゼントして、お互いに手を握り合うかということが、大事な勝負どころではないかと思います。

千住　勝負どころなんです、そこのところが。昔その意味がよく分からなかったときに、恩師の江藤俊哉先生が、「音をね、ただ出しちゃだめだよ。音をぎゅっと絞り込んで、一つの筒に入れるんだ。筒に入れて、自分の方から一本出すのではない。二〇〇〇人いれば、二〇〇〇本の筒を出しなさい」と説明されたことがあった。

中学生の頃で、何を言っているのかさっぱり、訳が分からなかったですね。最近、分かるようになってきました。多分先生は、「音に込める思いの強さ」ということを言いたかったのだと思います。ではそういう音を出すためにどういう演奏スタイルをすればいいのか、ということになってくる。

その音をどうやって伝えるか――。ただ普通に音をヴァイオリンとして鳴らしているのでは、いま山岸先生がおっしゃった方向性がない。方向性のない音というのは、どっちの方向に行っていいのか分からないから、結局すとんと落っこちてしまう。相手のところまで届かない。

しかも、「意味づけ」ということにしても、私が思うのは、意味づけのない音というのは、結局相手にその音が伝わっても、相手が判断できない。理解できないから、レシーブできない。間違ってもいいから、とりあえず発信元としては、意味づけをして、方向性をもって、音を筒に入れてどんと届ける。そういうことをしないと、プロとしての演奏は成立しないということでしょう。

山岸　江藤先生のおっしゃった比喩、「音を筒に入れて、聴いている一人一人、二〇〇〇人なら二〇〇〇人に届ける」というのは、初めて聞きましたが、非常に面白いですね。
千住　面白いと、思います。
山岸　非常に面白いし、よく分かりますね。ということは、演奏活動なり音楽というのは、一人でも大勢で聴く場合でも、コミュニケーションにかかわるわけなのですね。
千住　そうですね。
山岸　ところが、コミュニケーションというのは、AさんがBさんにある情報を流して、こんどはBさんがAさんに応答するような形で情報を差し上げるのであれば、バランスがとれます。困ったことに、音楽における演奏活動というのは、千住さんが一生懸命演奏されて、それを聴衆が聴くわけです。聴衆は静かに聴いているけれど、なにか反応があると思うのです、聴衆の反応が……。非常に難しいことをお聞きしますが、演奏者に、演奏している自分の音がどんなふうに耳に触れてくるのですか？
　私たちも聴衆としては非常に不思議なのです。ということは、距離がとれないと恐ろしく困るのではないかと。聴衆は距離がとれるわけです。千住さんはそちらの舞台の方で演奏されていて、聴衆は高低差などがあるさまざまな席で演奏に傾聴しています。
　千住さんは、ご自分の演奏の音感覚をどんなふうにイメージされていますか？
千住　これも江藤先生がおっしゃったことです。私が中学くらいのときには訳が分からなかったことですが、「ステージでは三人の自分がいる。一人目の自分は、きちんと意識を持って弾いている自分。二人目の自分は非常に近くに立って、その弾いている自分をしっかりと他の共演者と合っているかどうかをバランスよく見ている自分。
　そして三人目の自分が非常に大切なのですが、この自分はホールの後ろの方に行って聴いている自分。ホールの後ろで聴いている自分が存在しなければ、プロの演奏家にはなれないよ」と言われたのです。

その時は、「何を言っているのだろうこの先生は？」と思った記憶があるのですが。そのうちに自分で頑張っていろいろ経験した結果、やはり三人目の自分、ホールの一番後ろで聴いている自分が現れたときは、非常に〈無〉になれる演奏に到達できるのです。緊張していると現れないですね。

ここにいる。いま弾いている自分からなかなか外に抜け出せない。何とか抜け出して、そばで聴いている自分までは行けても、後ろにいる自分までなかなか行けない。後ろの自分まで行けたときに、やっと聴衆と会話ができる。そして聴衆の感性がこちらに伝わってくる、ということが分かるようになってきたのですね。その時に、「あっ！」これが一番大切なのだなと思うようになったのです。

山岸　ちょっと妙な表現をさせていただくと、ステージの上で演奏されている千住さんは、演奏しながら、ホールのそこここを旅しておいでになる……。

千住　そういうことですね、きっと。

山岸　旅しているのです。演奏者はここにいようがそこにいようが、移動しようが（そんなに移動はなさらないだろうけれども）、身体はさまざまに揺れ動くでしょう……、演奏って〈旅〉ですね。

私は、どんな音楽だろうが、どんな楽器を使おうが、演奏というのは、はるけき旅だと思います。だから演奏者においても聴衆においても出発して帰ってくるという、いろいろな旅を、十五分の楽曲でももっと長い楽曲でも、さまざまな気分や雰囲気、環境などを体験しながら生き生きとした状態で、オリジナルな世界を旅することだと思います。旅の喜びと感激は大きい。

沈黙で音楽を語る

千住　確かにありますね。「時間さえなくなる」ということ。いま一秒ずつ動いているこの時間がまったくなくなってしまう、というのが音楽の世界だと思いますね。逆に言うならば、「音楽」という時間軸が動き始める、ということ。そうなってくると、先ほど先生がおっしゃった〈沈黙〉〈無〉が実は非常に大切になってきます。音楽における沈黙というのは、私はものすごく音楽で語ることであって、沈黙が語れるようになったら音楽家だ、というふうに思っています。

沈黙をどうやって語るか――。

これが自分一人だとつくれる沈黙の語りでも、共演者がいると、共演者と同じ感性を共有しないと、なかなか沈黙がうまくつくれないですね。特にそれがピアニストではなくて、オーケストラが一緒に共演する場合は、よほど指揮者が感性をうまく受け取ってくれないと、その沈黙はただの休符になってしまう。これが難しいなといつも思っています。

ただの休符になってしまうと、時間が〈いま〉に戻ってしまうのですね。

山岸　沈黙は、多分空白ではないのですよ。空白ではなくて、沈黙という名の充実だと思いますね。

千住　あ、その通りです。

山岸　そうでなければ音楽はパワフルになりませんでしょう。

武満徹さんは作曲家ですが、彼の信念は、〝沈黙と測り合えるほどに、深い音というものを生み出したい〟という思いに結晶している。そのままタイトルになった著書『音、沈黙と測りあえるほどに』（新潮社）に、こう書かれています。

音楽は、音か沈黙か、そのどちらかである。私は生きるかぎりにおいて、沈黙に抗議するものとしての〈音〉を択ぶだろう。

それは強い一つの音でなければならない。

私は、音楽のみがかれない原型を提出することが作曲家の仕事ではないかと考えている。

私は余分の音を削りとって、確かな一つの音を手にしたい。（中略）

私はまず音を構築するという観念を捨てたい。私たちの生きている世界には沈黙と無限の音がある。私は自分の手でその音を刻んで苦しい一つの音を得たいと思う。そして、それは沈黙と測りあえるほどに強いものでなければならない。

千住　うーん……。

山岸　それから、沈黙はとっても重要で、千住さんが沈黙について話してくださったのですが、バレンボイム（音楽家）とサイード（思想家）の二人で対談するのですが、「音楽には沈黙がある」という場面があります。

音楽に沈黙があるということを、二人とも共通の話題としながら、音楽は音であり音楽なのだけれども、まさに沈黙がある。沈黙を表現できるところに音楽の素晴らしさがある、ということに共感しているのです。沈黙、さらにもう一つ申し上げると、音楽は消えていくということに、この二人は注目しています。

バレンボイム：音は束の間のものだ。通りすぎていく。音にこれほどの表現力があるのは、呼び出しに応じて出てくるものではないということが理由の一つだ。（三〇ページ）
サイード：僕が音楽に魅せられる理由の一つは、それが音でできているにもかかわらず、沈黙までも含みこんでいるからだ。（三一ページ）
バレンボイム：（ベートーヴェンの）第五交響曲のサウンドは楽譜のなかには存在していない。サウンドは沈黙ときわめて具体的な関係を持っているという事実。（四〇ページ）
（バレンボイム／サイード『音楽と社会』A・グゼリミアン編、中野真紀子訳、みすず書房）

千住　その消えてしまう音というのは、非常にある意味、切ないというか、私は兄たちが二人とも消えない芸術をやっているのでうらやましいと思う。日本画も作曲も消えないですよね。でもじゃあ消えることってどういう意味合いがあるのだろうと思うのですね。
いままだ模索しているところなのですが、消える音楽というのは、どういう意味があるのか。先生はどう……。
山岸　音が消えていくというところに、そしてその音がまた再びいつの日か、同じ演奏者によるか、あるいはコンパクトディスクによるかして、私たちの耳に触れる。でもそのとき私も変わっているし、それから演奏者も時には変わっている。同じ曲でも、いろいろな演奏者によって弾き方も違う、解釈の仕方や感受性やイマジネーションが違う。それぞれの音楽世界が生まれるわけです。
「ベートーヴェンの音楽はベートーヴェンの音楽だ」ということが言えるかもしれないが、そういってもいいのかどうか。さっき千住さんが音だとおっしゃったことには非常に深い意味がありますね。
千住　音だと言うと、作曲家の兄が怒るんですよ。
山岸　怒るのですか？
千住　ええ。兄はあくまで、曲だと。
山岸　そのとき兄上は、リズム、ハーモニー、メロディーというものの組み合わせを、どんなふうに考えていらっしゃるのでしょうか？
千住　こんど連れてきましょうか。とにかく、「作曲というものは完璧に空想上に出来上がった音楽芸術であって、それこそ音というものが存在はしていないけれども、作曲した時点で確かにあるのだ」と、それが兄の考えです。
　私の考えは、その曲があっても、〈音〉だと。じゃあその音というのは何でも同じなのかというとそうではなくて、ベートーヴェンを弾くときの音、千住明の作品を弾くときの音、それは演奏家がその作曲家に対する想いとか、あるいはイメージとか概念、そういうものから自分でつくりあげた音……音色ですね。音色というものがあって、「この作曲家のものを弾くときにはこの音色だ」と自分で思って出す音、「この音が表現なのだ」と私は言うのですが――。
　兄は、「そうではない。音よりも先にやはり曲というものがある。曲全体があって、その中に、それを表現する一部として音色があるのだ」と。いつもそこで喧嘩になるのです。
山岸　それは大変です。プラトン（『パイドン――魂の不死について』岩田靖夫訳、岩波文庫）の場合には、リズムとハーモニーということを非常に問題にしますね。それから楽器についても相当気遣っています。リズムについては、どんなイメージをお持ちですか？

千住　リズムというのは、私は一つの命を吹き込む、一つの動作というふうに思います。リズムというものがないと、例えばリズムに似たものがそこにあったとしても、本当のリズムというものがそこになければ、どんなに頑張っても命がそこに吹き込まれない。ですから、リズム＝命の源というふうに思います。

プラトンからタケミツまで

山岸　ここで、今日の配布プリントの話をさせてください。

なぜこういうものを作ったかというと、皆さんに後でゆっくり読んでいただいて、千住さんの声、語り、会話を思い起こしていただきたいということ、こんどはご自身の生活の中で、私たちの対話をよりどころにして、思いを広げていっていただきたいと思ったからです。私の書いたものはすべて万年筆での手書きです。記事や絵はがきを貼ったりしています。私の大地となっているプリントです。私にとってまことに幸いな対話です。

今日の千住さんとの対話は、まるで私はプラトンの気分です。

プリントのはじめのページを見ますと、プラトンやジャン＝ジャック・ルソー、リルケ、それからベートーヴェンの記事などがあります。ロマン・ロランの『ベートーヴェンの生涯』（片山敏彦訳、岩波文庫）、これは内容が素晴らしいので、ぜひお読みください。こんな一節があります。

田園にいれば私の不幸な聴覚も私をいじめない。そこでは一つ一つの樹木が私に向かって

すべてのことを表現し得ようぞ？……（一八一五年）　（ベートーヴェンの『手記』より）

「神聖《ハイリッヒ》だ、神聖《ハイリッヒ》だ」と語りかけるようではないか？　森の中の歓喜の恍惚！　だれがこれら

読まれた方もいらっしゃるでしょうが、耳が完全に聴こえなくなったベートーヴェンの心境というのは、同情するのみですが、しかし彼はそれに打ち勝つという意志を持っているわけですね。

それからチャールズ・ローゼン、この人はアメリカのピアニスト・音楽学者です。私はローゼンを知らないのですが、『思想』（二〇一〇年一二月号、岩波書店）のシューマン特集で「ロマン派の世代」について書いていたのです。その中に、「シューマンの『子供の情景』と並んで、『森の情景』という作品が、ロマン派音楽の、特にシューマン理解の鍵になるものだ」というくだりがあり、ローゼンの紹介によって、皆さんの音楽の世界がより豊かになるのではないかと……。

ポール・ヴァレリーは、もちろんフランスの作家であり、批評家、哲学的思想家、詩人ですが、彼は音楽について深い思いを抱いています。ポール・ヴァレリーは、音楽についてこう表現しています。

音楽は私を躍らせる、私を息切らせ、涙させ、考えさせる、
私を眠らせる、私を雷で打たれ－雷で打つものにする、
私を光に、闇にする、私を糸にまで縮小する。
音楽は私をほとんどそうしたものすべてにする、
私は主体なのか客体なのか分からない、

自分が踊っているのか踊りを見ているのか、
自分が所有しているのか所有されているのか分からない。
私は波の頂上にいると同時に、波頭を見上げる波の底にいる。
音楽のもつ魅惑の鍵は、まさにこうした不確定性にある。

（『ヴァレリー全集　カイエ篇8「芸術と美学」』筑摩書房）

ところで、武満徹さんは、ジョン・ケージから影響を受けたと書いている。そこのところを紹介させてください。

ジョン・ケージは、私の音楽に深い影響をあたえた。彼は、たえまなく音楽に新しい技法を発明するので現われるものだけに眼をやっていたのでは、ついにその音楽の本質はとらえられない。いかなる特許《パテント》ともかかずらわない彼の音楽的な発明は、世界に匿名の申請をしている。不毛な〈音楽の土地〉をジョン・ケージは肥沃なものにしたいと願っている。彼は、音楽に対して農民のような謙譲な魂をもっている。〈音楽の土地〉を耕すにはやはり人間の手と足が適っているのではないか。私たちは、あたえられた音――これは、一般的に楽器と言っても差支えないのだが――の土地を吟味もせずに、それによって収穫をあげようとしている。音を耕すことなしに、真にオリジナルは表われようもない。音楽には種々のきびしい規制がありながら、いつでもこの問題は曖昧にされて来ていた。

（『音、沈黙と測りあえるほどに』）

また、ジャン＝ジャック・ルソーは絵画と音楽についてこう書いている。

色彩に命と魂を与えたのは、デッサンであり、写生なのだ。音楽では、絵画においてデッサンが果たしている役割を旋律が果たすのであり、旋律は絵の線であり、形であって、和音や音響は色彩であるにすぎないのである。

（『ルソー全集』第11巻、「言語起源論」白水社）


ルソーにつぎのような言葉があります。

「最も長生きした人とは、最も多くの歳月を生きた人ではなく、最もよく人生を体験した人だ」

ここで千住さんに一つお話をお願いしたいのは、楽譜、譜面というのは何でしょう。音や音楽がいっぱい詰まっているわけですから。

音楽と絵画

千住　譜面づらという言い方を、私たちはしていますが、これはパッと見た感じの譜から与えられるニュアンスのことです。譜面づらを感じ取る、とも言います。

それは楽譜を読むというのとは全然違う。〝楽譜を読む〟は音符をそのまま読めばいいだけのことで、それでは音楽にならない。その次に譜面づらを読む。譜面づらから伝わってくる何ものかを感じ取る。

次に、文章では行間という言い方がありますが、楽譜上にもそのようなニュアンスがあって、音符と音符の間の音を読む、ということも重要です。

　深く曲を練習しているうちに、だんだん楽譜に書かれていないものを読み取れるようになる。そこまでいかないと、作曲家の本意を読み取ることはできないわけですね。だから、譜面というのはその第一歩にすぎないし、ヒントにすぎない。演奏上のヒントが隠されているだけで、それ以上のことは謎解きをしながら、時にはその作曲家の歴史を学びながら、何とか解読していく、そういうことですね。

山岸　作曲家が生きた世界なり、時代がある。それからまた作曲家に影響を与えた歴史的な流れとか、もろもろのことが楽譜というか譜面に入って、そこで譜面づらという言葉が深い意味を持ってくるわけですから、大変な仕事ですね。そこに解釈が入る。

千住　そうですね。解釈も入ってきます。

山岸　そこに千住さんの人間性と感受性とイマジネーションが全部入ってきて、一つになる。誰の曲であろうと、ヴァイオリンの演奏者が違えば、いろいろな違った姿が立ち上るというかたちですね。

千住　そういうことですね。解釈がまず違うから。そしてもっと言い方を変えると、通すフィルター、それが人間、演奏家であるわけです。でも、フィルターが違えば違うものが出てくる、ということですね。

　だからそのフィルターがもともと何か全然違う色合いのものだったら、どんな曲を持ってきても、そのフィルターの濃い色になってしまう、良くも悪くも。逆に、あまりフィルターとしての価値をなさない、目の粗いようなフィルターだとしたら、フィルターを通した意味のないようなものが出てくる。そのフィルターというのは、最終的にそのものを変化させてしまうことから、実はすごく重要じゃないかなと思うわけです。
山岸　ここにいる皆さんは、いま重要な言葉を耳になさったと思いますね。私も、譜面づらという表現は知らなかったのですが、おっしゃる意味はよく分かりますね。それからフィルターも、いまのお話で理解できます。
千住　自分というフィルターをどうするか、ということですよね。
山岸　ひたすら心を耕して、感受性を培って、イマジネーションをより豊かに研ぎ澄ませていくよりしかたがない。いろいろなことを体験なされば、方法はあるでしょうね。
　それからぜひうかがいたかったのは、千住さん、旅とか旅行についてどういうイメージや気持ちをお持ちかということ。世界中を旅されているわけだけれども、旅の持つ意味も非常に重要だと思いますね。
　旅することは深く生きることですから、ローカルカラーについてお話しいただけますか。
千住　そうですね、私にとっての、旅というのはコンサートツアーとしての旅ですから、非常に偏っていますね。例えば京都に行っても、金閣寺、銀閣寺を見るという余裕がなく、楽器をただひたすら守ろうと、タクシー移動しながら、コンサート会場とホテルの行き来になってしまう。本当の意味で旅を楽しむというのはできていないと思います。
　でも、場所を移動していて何も意味がないのかというと、そうは思わない。土地の匂いとか空気とか、そういったものを肌で感じています。その感性というのを磨くのが、旅なのだと思いますね。
山岸　誰もが体験することですが、土地が変わると空の色や風の状態、光の状態が変わります。そういう体験ってとっても大事ですね。

千住　演奏にも影響がありますね。
山岸　こうした場面に、緑の発見者と呼ばれるジャン＝ジャック・ルソーが姿を見せてくれます。ルソーは、大地に咲く花、自然のままの花を愛でる人でした。それから、流れている水や小鳥の声、この三つがそろうと、ルソーの世界が生まれます。皆さんは『むすんでひらいて』という曲をご存じですね——。
千住　はい。
山岸　これはルソーの曲なんですね。ルソーは思想家ですが、オペラなども作曲している。

ここでフランスの画家ルドンについて触れたいと思います。

場面が変わりますが、眼を閉じている姿の女性が描かれた『目を閉じて』という作品がありますが、この作品が武満徹さんにとっては、「耳を開いて」というふうに映ったらしいのです。武満さんは「目を閉じて」と題されたルドンのタイトルと方法に非常に注目しています。武満さんの音楽を理解する一つの鍵が、ルドンの絵画にあるといっても過言ではありません。確かに絵画にはいろいろな音が流れていますから。絵を見ながら音を楽しむこともできるし、絵画において体験されるリズムやハーモニーがあります。

つぎに高村光太郎ですが、高村光太郎は、街に出て、人の話し声が耳に触れると、それにいたく感激するのです。人の話し声が耳に触れる。また、街頭で体験される未来派的な音がある。ルイジ・ルッソロという人がいますが、「イントナルモーリ」という雑音を出す楽器を発明しています。
千住　へえ……。

山岸　「未来派」の展覧会が東京国立近代美術館で開かれたときに、「イントナルモーリ」の実物が展示されているのを見ました。それにしても、訳の分からない雑音や騒音とか、それからほとんど静寂に近い状態とか、音のバリエーションってすごいと思いますね。

千住　そうですね、私は音の研究をしたときに、非常にびっくりしたのは、雑音のない音、これは決して良い音ではないのですね。音の中に何パーセントか雑音を入れていくと、ものすごく心地よい。そして心に響いてくる音になる。雑音って必要だな、とそのとき思いました。

ザラザラ感と音の表情

山岸　千住さんの演奏をよく聴かせていただいていますが、雑音という表現は不適切かもしれませんが、ヴァイオリンを弾いておられて、ちょっと悩ましい音を出すときがありますね。

千住　そうですね。わざとザラザラ感を出す……。

山岸　ザラザラ感……ですか。

千住　とっても私は大切にしているのです。クリアな音はなかなか心が入りにくくて、ザラザラ感のある音というのは、ものすごく意味を含んでくる。意味を吸収するような感じですね、ザラザラの部分で。非常に吸収力があって、非常に大切なんじゃないかな。

山岸　一人の聴衆からの発言ですが、バッハやチャイコフスキーでも、それから千住さんお得意のイザイでもそうですが、ヴァイオリンの一つの曲の中には本当にさまざまな音の様相や表情がありますね。

千住　表情が……、そうなんです。

山岸　聴いている私たちにとっては、楽しいという表現を含めて、私たちの心を動かすようないろいろな音がありますね。
千住　いろんな音が、まだまだたくさんあると思います。音というのは、一つの音色、一つの表情じゃなくて、音の表情というのは本当にもっともっと限りなくたくさんあるはず、あるべきで、人がいろいろな表情をするのと同じ。人がマネキン人形みたいに澄まして、きれいな顔をしてじっとしていたら何も面白くない。
　その人が笑ったり怒ったり悩んだり泣いたり、いろいろな表情をするとその人の魅力が出てくる。音もやはりそうじゃないかな。
　音に表情をもたせると、すごくその音楽が楽しく、聴いている方も楽しいですね。もっとほかの表情ができるんじゃないかと研究している中でその雑音が出てきたわけです。雑音を消していくと、音の表情が消えていってしまう。いろいろな種類の雑音をちょっとずつ配合していくと、音の表情がいろいろ変わっていく。これはヴァイオリンならではかもしれませんが、非常に面白いことができるのです。
山岸　それはおっしゃる通りですね。ピアノでやろうと思っても、ある意味ではかなり困難ですよ。
千住　弦楽器ならではの面白さでしょう。そのために弓に松ヤニというのをこすりつけるのですが、いまフランス製の松ヤニを使っていますが、曲によってはドイツ製のものをつけたり、同じドイツ製でもメーカーの違うものをつけたりすると、それだけでも音の表情が変わってきます。
　フランスのものは松ヤニそのものが非常に細かいので、音が繊細です。でも乾燥した日になるとその繊細な松ヤニは飛んでしまうので、音にならない。その時は、ちょっと荒っぽいドイツ製のものを使ったほうが音としてよく出ます。

山岸　変わるのですか。

千住　それが非常に面白い。何通りもあるのです。松ヤニ以外にも弓の毛によっても違う。いま私はイタリアの馬の毛をつけていますが、これを鹿児島の馬の毛にすると、また非常に繊細な音になります。

山岸　あらゆる楽器がそうですが、ヴァイオリンも複雑ですね。樹木があり、それから動物が入ってきたり、それからナイロンの弦というのもあるのですからね。

千住　ナイロンは最近流行っていますが、やはり面白みがなく（好きではなくて）、私はガットが入っている弦（ガットとゴールドというのが半々入っているもの）を使っているのですが、すごく有機物の音がするのです。

有機的な音というのは、つまり温度湿度によって音がどんどん変わっていくという、弱点にもなるが、それが面白みにもなるという部分もあります。だからこそいろいろな移り変わりの激しい音の表情になっていく。弦であり、弓であり、その弓の毛、松ヤニに至るまで、ちょっとずつ配合を変えることによって音の表情がどんどん変わっていく。さらにそこから弾き方、弓の張り具合をちょっと弱めたりすることで、少し音がザラッとなる。そこでまた表情が変わります。

ステージの上でできる変化というのは、一番は弓の毛を一楽章から二楽章にくるときにちょっと張りを緩めて、ザラザラ感を出して、ちょっと人の心に入っていくような音色をつくっていくということもします。

山岸　ザラザラ感という表現は、非常に面白いですね。雑音のお話もうかがうことができました。そこで、名だたるデュランティの音というのは、どんなふうに感じ取られているのですか？

千住　いまの話につながる部分があって、……音の中にいろいろな雑音が山ほど入っているのがデュランティです。

山岸　やはり、そうですか。

千住　あるときは雑音であり、言い方によっては倍音という言い方もしますが、一本の音を弾いてもいろいろな音が聴こえてくる。だから一本の音に聴こえないし、時にはどこか別の何かが、「響いちゃっているんじゃないの」と思うような音に聴こえる、というのがデュランティです。

だから、ある方向性をもって弾いていくのが逆に難しい……。

例えば、じゃあベートーヴェンを弾こうと思ったときに、そこではいろいろな表情はいらない。ベートーヴェンらしい、非常に毅然とした音で、統一感をもって弾いていきたいなと思ったときに、音を整然とさせるのが非常に難しいですね。

それが面白くもあるのですが。そのために少し弓を変えたり、音を合わせる調弦をちょっと高めにしてみたり、そういう工夫をしながら弾いています。

山岸　大変に興味深いですね。武満徹さんは、邦楽からインプレッションを受けていますが、ザラザラ感というのは彼にとっては深い意味がありますね。

千住　武満さんが、「自然が一番の作曲家だと、自然がつくりだすメロディーにどうしても勝てない」と言ったというのは、素晴らしいなと思いました。

山岸　そうです。〈音の河〉〈音の大地〉〈音の庭〉という言葉は、武満さんのキーワードです。

作曲家、武満さんが特に深い関心を示していた言葉が三つあります。〈夢〉〈数字〉〈水〉というキーワード。数字とともに順序、規則性、方向性、パターンなどがイメージされます。夢とともに生まれるイマジネーション、人間的世界、多元的現実があります。水は物質ですが、水は表情、風景、音、音の風景、静止、さまざまな動き、流れ、方向性、大地の生命、鏡そのもの。

武満さんにおいては、〈水〉は音楽であり、音楽は水にその姿を現しているのです。池や水辺に姿を現す武満さんは、水面や水の表情や動き、気配などを体験しながら、曲想をねったり、作曲の構想をイメージしたりしていたのではないかと思います。

ところで武満さんの音楽をヴァイオリンで演奏なさるということについて、千住さんは何か思いを持っていますか。

千住　ありますよ、武満さんのヴァイオリンの曲……弾くこともあります。

山岸　イザイも千住さんの重要なレパートリーですが、武満さんの音楽を千住さんのヴァイオリン演奏活動のなかの一つの軸線としてアンテナを立てて、少し武満さんと対話をして、武満音楽をヴァイオリンの世界に繰り広げていくというのはどうでしょう……。

千住　たくさんはありませんが、いくつかあるのでやってみましょう！

バッハは自分を消さないと弾けない

山岸　もう一つ、千住さんにとってのバッハとは、いかがなものでしょうか？

千住　いや、なんて言ったらいいのでしょう。バッハは……、私の人生そのものであり、私の心の中にある聖書、神でもある。バッハは一生追い続けていくと思うのですが、バッハを弾くときというのは、〈お坊さんが禊《みそぎ》をする心境ってこんなかなと思う〉そこまで行かないとバッハが弾けないと、思っています。それはどういうことかというと、〈自分を表現しよう〉と思ったら弾けなくなるのがバッハなのですね。〈こう弾こう〉と思ったら弾けなくなるし、〈こういう音を出そう〉と思ったら弾けない。つまり自分というものを一切消し去らないと、バッハは入れてくれない。バッハの世界に入れません。

要するに、〈無になる〉ということなのですが、これは大変難しい。これこそなにかお坊さんの修行というのが必要なのかなと思ったりします。「無になったぞ」と思った瞬間は、なったぞと思ったことがもう違います。ふっと無になっていて、するとまた邪念が出てくるのですね。「あ、次は、二楽章はこう弾こう」とパッと思った瞬間に、また自分に戻ってしまう。〈どうやって自分を捨てるか〉というのがバッハとの闘いで、多分私は生涯バッハを弾くたびに、そうやって修行をしていくのだなと思います。それでも好きな曲がバッハですね。

山岸　千住さんのヴァイオリン・リサイタル「春を奏でる」(フィリアホール)の演奏を楽しませていただきました。演奏会に行くと、その休憩時間に私はホールの片隅でピアノとか手の絵を描いたりしています。絵のことは本題ではないのですが、この時の素晴らしいプログラムをちょっと紹介しますと、最初に『G線上のアリア』ですが、何かすこし言葉を加えてください。

千住　私はだいたいいつも一曲目はバッハにするようにしているのですね。特に『G線上のアリア』というのは、頻繁に一曲目になっている曲です。この曲で、私の心を静めるというか、チューンナップするというか、なるべく無の状態(ゼロの状態)にしたい。自分の中から自分を追い出す、それがバッハの『G線上のアリア』です。そこから音楽が生まれるという意味で、バッハの曲は、私にとって非常に大切な曲です。

山岸　この日のコンサートはとてもよかった。千住さんのコンディションも良くて、精神状態も整っていて、気持ちよく楽しんで演奏されているなと思って、観客席で聴いていて、とってもうれしかった。この『G線上のアリア』は聴いていると大変に深い、特別に深いですね。

J・S・バッハ：G線上のアリア
パッヘルベル：カノン
ヘンデル：ラルゴ
ベートーヴェン：ヴァイオリン・ソナタ第5番「春」　作品24
（休憩）
ラヴェル：亡き王女のためのパヴァーヌ
メンデルスゾーン：春の歌
マスネ：タイスの瞑想曲
ドビュッシー：月の光
ポンセ：エストレリータ〜小さき星に〜
サラサーテ：ツィゴイネルワイゼン

千住　この曲は深いですね。なんでこんな単純な曲なのにこんなに深いのだろう、と思いますね。弾くたびに、〈ああこうじゃなかった、こうだ〉ってふっと思うことがあります。

　バッハというのはどの曲もそう、弾くたびに何か教えてくれる。いつも弾いている曲のくせに、新しい発見が必ずある。特に『G線上のアリア』というのは、聴衆からくるものをすごく感じやすいですね。これはおそらく自分を追い出しているから入ってくるのだと思うのです。自分を追い出さなければ、聴衆は入ってこられない。そういう意味では、バッハの他の曲を演奏するときもそうですが、自分を追い出して追い出して、聴衆をより多く自分の中に入れたいのかな。聴衆が私を演奏させている。私が演奏しているのではなくて、という感じ。だから何か一体感が生まれやすい、というのがあるのかなと思う。

演奏者と聴衆の対話

山岸　音楽の素晴らしさというのは、演奏者と聴衆とが二つとない世界の中でさまざまな状態で互いに結ばれながら、特別な時空間を旅するところにあると思います。

音楽体験というのは、まったく個人的な体験に尽きると思うけれど、人と人とのつながりとか、そういうものが自ずから出てきますね。

武満徹さんもはっきりと、――私にとっての音楽は、人々の生活と人間関係に根ざしたものだ、それが本当の音楽だ――と語っています。多分、千住さんもほぼそれに共感されるかなと思います。

千住　例えば聴衆の方の立場から言うと、うちの母なんかは、「頼むから一人で聴かせてね」とよく言っていました。つまりそれは母の友人と来るとか、知り合いが隣の席に座るとかはやめてほしいと。自分の一人の世界で聴きたいということ。

それで私がいつも思うのは、私が何かの演奏会に、誰かと聴きに行く。その誰かの感性というのは、隣に座っているだけなのに、お互いに影響し合ってしまうのですね。良くも悪くもです。

演奏を聴きに行って、隣同士で座っているだけなのに（知らない人は別なのですが）、知っている人が隣に座っていると、隣の知っている人の感性というのが自分にも入ってきて、そこに連帯意識を感じてしまう。良くも悪くもそれがあるわけなので、私が皆さんにおすすめするのは、自分よりも感性のある人と演奏会を聴きに行ってほしいなと、それが難しいならば、一人で演奏は聴いてほしいと思います。

山岸　何となく分かります。

それから、人間は自分ではない別の人によってサポートされ助けられているということを自覚しない人はいないはずです。千住さんと私がここで対話させていただいていても、皆さんのサポートを十分に受けているわけですね。人間って不思議ですよね。

私は長いこと教員をやっていましたが、誰もいない教室で一人で講義をするようにと言われても、調子は出ませんね。だから学生は黙って聴いているけれど、学生から無言の応答を受けたり、励ましを受けたり、疑問を投げかけられたり、というコミュニケーションはやっぱり人間にとって救いですね。

千住　ここで一〇分、休憩にいたしましょうか。

山岸　あと五分だけ頑張りましょう。いままでの話の中でぜひ皆さんにお伝えしたいことを補足してくださいませんか。

千住　隣に座っているだけで感性というのは移ってしまうとお話ししましたが、それは聴衆と演奏家との間にも言えることです。私が演奏会をすると、聴衆が毎回私にいろいろなものをくれる。ですから一方通行で演奏しているのではないということ。

私は聴衆がくれたものを何かこう、こういうふうなものを聴きたいという何かそういうものを、ガーッと聴衆の方々がくれたものを、曲で返していると思っています。逆に私が応えている、アンサーしているというような。

だから家で一生懸命練習をして、バッハをこう弾こう、ベートーヴェンをこう弾こう、というものをステージに立って発表しているのではなくて、それは一つの材料としてこの場に持ってきて、さてこの材料をどうしようかなってステージに上がったときに、聴衆がいろいろなものをくれるわけです。そのくれたものによって、自分がじゃあこう出しましょう、出てしまうというか、とにかく聴衆によって出させられる。そんなスタイルが私の演奏スタイルですね。

山岸　大きな公演が一週間か十日後に迫っていたとします。そうすると、その一週間前とか十日前とか、直前の体調のトレーニング、練習、本番的練習などはどのような調子でやられていますか？

千住　だいたい、私の場合は四週間前からカウントダウンして、四週間、三週間、二週間、そして一週間前。……五日、四日、三日前くらいが、非常に集中して練習するときです。二日前、一日前というのはコンディションを調整する。そして前日は、精神的に安定させていく。当日は何も考えない。何か考えようと思ったときに、どうやって自分の中から考えを追い出すか、その葛藤が当日です。

また、演奏の当日は、楽器のコンディションを確かめたり、ウォーミングアップしたりしています。ただ曲の大事な部分をさらうのはダメです。ひたすら何も考えない。

当日には生卵三個を食べ、三〇分前に板チョコをたくさん食べたりハチミツを飲んだりしています。

山岸　いまのお話は重要ですね。ちゃんと千住さんのリズムがありますね。そのリズムを自分で考案されて工夫されているわけですね。

千住　こうするのが一番いいですね。じゃあ演奏会が重なった時はどうするか。その演奏会の翌日にあるとか、二日後にあるとか、重なっても同じなのですよ。その曲に対してはこういうふうに進めていく、違う曲に対してはこうと……。例えば、一つ目の曲に対しては、翌日が演奏会だとすると今日は精神的に安定の日だと。でも、次の演奏会に対しては、今日は必死にさらう日と。今日と明日の曲に対しては、集中して練習する、冷静に心を落ち着かせるというふうに自分で持っていく。それは何の苦労もないというか、そういうふうにやっていきます。
山岸　もう一つ、いろいろなヴァイオリニストが『G線上のアリア』を演奏しているかもしれませんね。そういう他の演奏家のレコーディングというか演奏も少しお聴きになるのでしょうか。
千住　やはりすごく気になるので、ある時期はよく聴いていました。いまから思うと、自分にとってはよくなかった。頭の中にこびりついてしまった他の人の演奏を、どうやって忘れ去るか、本当に大変なのです。純粋な自分というものになかなか戻れない苦労の方が大きかった。いまはなるべく聴かないように努力しています。
　でもずいぶん聴いてしまったものがあるので、その印象がまだ体のどこかに残っているでしょうね。私はなるべくヴァイオリンの演奏とかは聴かないようにして、オーケストラの曲とか、ピアノの曲とか、あるいはオペラだとか、全然違う分野のものは本当に心から吸収できるし、勉強になるので聴くようにしています。
　同じヴァイオリニストの、ほとんど私がいつも弾いているような曲を自分の目線で見るというのは、自分の中に入りすぎて、次に弾くときにその人と同じように弾いてしまう、みたいな。そこまで集中しすぎて聴いてしまうので、よくないなあと思っています。
山岸　ここで、一〇分ほど休憩いたしましょうか。
千住　何かご質問がありますか……。
N（男性）　よろしいですか。私は一週間で、バッハからスタートして、モーツァルト、ベートーヴェン、シューマンとか順番に聴いていって、最後にマーラーを聴くのですが。マーラーとバッハというのは対極にあるような雰囲気がするのです。マーラーを聴いて頭の中がぐちゃぐちゃになった後にバッハを聴くと落ち着くんです。千住さんは、マーラーは聴かれますか？

千住　聴きますよ！　あのぐちゃぐちゃな感じが好きですね。どこまで行くのかな、というような……大好きです。聴いているうちに快感になってきますよね。両極端というのは、非常に表裏一体みたいなところがありますよね。マーラーとバッハと通じているような気がするし、ただマーラーのヴァイオリン曲がないのが残念です。ああいうぐちゃぐちゃな曲もいいですね。

Ｙ（男性）　先ほど演奏者と聴衆の対話とおっしゃっていましたが、それは袖から出てこられて構えられる。その中で二千人の思いを感じられてしまうのですか？

千住　そうです。ステージに一歩踏み出したときからの空気を自分で一生懸命感じながら、ものすごく神経をこっちに向けて、感じながら……。お辞儀や調弦をしているときにも、ちょっと構えて弾く寸前まで感じながら、ということです。

Ｙ（男性）　どういう感じなのでしょうか？

千住　気配に似たものですね。気配の濃いものが何か一つのかたまりのようになって、ガーッと圧力のような気配があって、こういうふうに弾こうという方向性が自分に与えられる。

さあ次の曲を弾こうと思ったあたりからまた、初めはごちゃごちゃになっている空気が一つにまとまって、スーッとまとまった形になったときに、こういう空気に乗っていける音の感じはこういう感じかな、みたいな。

Ｏ（男性）　若い頃に文学作品を読んでも通り過ぎていたものが、人生経験を経た二〇年後、三〇年後に読み返してみると、感銘を受けることがあります。音楽にもそういうことはありますか？

千住　ありますね。ええ。先生どうでしょうか。
山岸　誰の場合でも一日を生きるということは、一日いろいろなことを体験するわけです。月日が経つにつれて過去がそこに置き去りにされるわけではなくて、過去のある部分がつながり合い、現在は過去によって支えられて、未来が展望されるとラッキーですね。
　人間は意味の世界で生きていますから、人生経験が加わったり、思いが変わったり、自分が生きている状況が変わると、人間は微妙に変わっていきます。人間は絶え間なしに変化／生成する存在です。人間って変わっていきますからね。
千住　もう何十年も前ですが、ＮＨＫのニュース番組『世界は今』を担当していたときにキャスターの磯村尚徳さんが、「五十人味方がいれば五十人敵がいて、敵は増えた方があなたは理解されているんだよ」と言われたときに、それはつらい考え方だなと思ったのですね。「理解されない方が、喜びなさい、理解されないことというのは、あなたはそれだけ、その理解しないと言い張っている人を刺激しているということになる。そして、理解されないことをやっていることに希少価値がある」とも言われました。
　その言葉はいまも頭にあるのですが、音楽って、聴いた全員が良いとは思わないと思うんですよね。なかには、なにあの演奏と思う人もいるし、ちっとも感動しなかったと帰る人もいる。それはもういろいろな人がいると思う。全員をうんと言わせることはできないし、どうしても理解し合えない人もいる。
　それでも最近思うのですが、真実を求めて、真実を追求しようとする姿勢は、好き嫌いは別にして、人に伝わるものがあるのではないか、というふうに思っていますね。「嫌いだけど、分かるよ、やろうとしていることは」みたいな。そういうことはあるのではないか、と私は思います。

山岸　みんなが「素晴らしい」と言うことは絶対にありえませんね。素晴らしいばかりになったら、進歩しませんからね。とてもつらいと思いますが、その見解は千差万別、特に思いが深いのがアートですからね。そこで、イザイのことをちょっとお話しくださいませんか。

千住　私が非常に尊敬している作曲家の一人がイザイなのですね。イザイはベルギーの作曲家なのですが、バッハをたいへん尊敬して、イザイ（ヴァイオリニスト、作曲家でもある）は、バッハの曲を聴いた晩に、即座に自分で無伴奏のヴァイオリン曲のだいたいのスケッチを書いた。そしてすぐに仕上げた六曲のイザイのヴァイオリン無伴奏曲というのは、それぞれ、その当時の六人の有名なヴァイオリニストに捧げられています。そのイザイの六曲の無伴奏ソナタは六面体のように、全然違う作曲家が書いたような個性の違いを出しています。それが私は大好きで、何年かに一度は弾くようにしています。

とにかくこれは難しいのですよね。こんな弾き方がヴァイオリンでできるのか、と思うような技法で書かれている。

バッハが旧約聖書だとすれば、イザイは神というよりかは生身の人間といえるかも。それも時に神様に対して文句を言ったり、天に唾を吐くぐらいの激しい怒りや不満を天に向かって投げかけているような曲です。その生々しい人間臭い部分が私は好きで、バッハと同じように大切に弾いていいます。難しいので、しょっちゅうは弾けないいんですが。

風のように、人生に意味を！

山岸　ここで、またプリントをご覧いただくと、ギリシア語とラテン語が出てきます。

mens 知性／anima 生命そのもの、息、心、魂。

ラテン語アニマ anima は、ギリシャ語アネモス ἄνεμος に由来。アニムス animus は生命賦与原理、そして意志、傾向、意図、情念、感性の主体である。

実はギリシア語で〈風〉というのはアネモスなのですが、ラテン語に入って、ショーペンハウアーは、人間を〈生への意志〉と呼ぶわけです。

このショーペンハウアーは音楽について敬意を抱いていた人物で、ショーペンハウアー哲学の核心に音楽が位置づけられているように思います。

申し上げたいことは、〈風〉という言葉は人間そのものだということです。これは生命そのものです。音楽は生命の極限的な表現ですね。

ところで画家、カンディンスキーの絵画作品には、リズムやハーモニー、音楽の様相がイメージされる画面がありますが、それにしても絵画にはなんとさまざまな音が入り込んでいるのでしょう。絵を見るときに、耳を開いてご覧くださいといいたくなります。そうすると、絵画の面白みが倍増します。絵画が非常に深いものだということが分かると思います。音楽も絵画も恐るべしです。

千住さんも気がついておられますが、芸術のあらゆる領域に音楽が深く浸透し、広がっているということです。カンディンスキーは音楽に注目しながら、自分の絵画制作を試みた人です。

パウル・クレーの絵に楽譜のようにも見える『庭―リズム』というタイトルの絵があります。リズムの散歩、庭の眺め、たたずまいのようでもある。当時ちょうど東京国立近代美術館（東京・竹橋）でクレー展が開かれていたので、私も行ってきました。良い展覧会でしたね。千住さんがヴァイオリンのモチーフを抱いてギャラリーを回られたら、きっと〈絵画と音楽〉について非常に豊かな広がりが生まれるに違いない。

ベートーヴェンの「ハイリゲンシュタットの遺書」という文章はとても重要だと思いますので、一部を読んでみます。私もたまたま家族でハイリゲンシュタットを訪れて、ベートーヴェンを偲んできました。

私の脇にいる人が遠くの横笛《フレーテ》の音を聴いているのに私にはまったく何も聴こえず、だれかが羊飼いのうたう歌を聴いているのに私には全然聴こえないとき、それは何という屈辱だろう！

たびたびこんな目に遭ったために私はほとんどまったく希望を喪った。みずから自分の生命を絶つまでにはほんのすこしのところであった。――私を引き留めたものはただ「芸術」である。自分が使命を自覚している仕事を仕遂げないでこの世を見捨ててはならないように想われたのだ。そのためこのみじめな、実際みじめな生を延引して、この不安定な肉体を――ほんのちょっとした変化によっても私を最善の状態から最悪の状態へ投げ落とすことのあるこの肉体を引きずって生きて来た！――忍従！――今や私が自分の案内者として選ぶべきは忍従であると人はいう。私はそのようにした。――願わくば、耐えようとする私の決意が永く持ちこたえてくれればいい。――厳しい運命の女神らが、ついに私の生命の糸を断ち切ることを喜ぶ瞬間まで。

（ロマン・ロラン『ベートーヴェンの生涯』岩波文庫）

また、作家の永井荷風は、五年くらい慶應義塾で教員をやったことがありますが、荷風（横浜正金銀行リヨン支店に勤務していた）の『ふらんす物語』（岩波文庫）の中に「西洋音楽最近の傾向」という文章がありますが、その書き出しは「遠く独《ひと》り、欧米の空の下に彷徨《さまよ》うとき、自分が思想生活の唯一の指導、唯一の慰藉《いしゃ》となったものは、宗教よりも、文学よりも、美術よりも、むしろ音楽であった。」と書かれています。これは見落とされがちの文章ですが、重要なエセーであり、日本の音楽評論の初期の一場面ということもできます。最初の部分はベートーヴェンの『田園』についてです。

ドイツのゲーテ街道に位置しているアイゼナハはバッハの生まれ故郷で、家族で「バッハハウス」を訪れたことがありますが、絵はがきを求めたことを思い出します。

千住さんのバッハへの思いを語ってください。

千住　宮廷オルガニストであったワイマールでは、オルガン曲が誕生していますし、宮廷楽長だったケーテンでは、私が愛する、この無伴奏曲を書いたわけですね。しかし、それだけではとどまらない楽曲の緻密さと数学的ともいえる構成力、さらに哲学的な表現の部分が、バッハの魅力なのです。

あれだけの広い世界観と深い思想を踏まえての音楽がなぜ生まれたのか、というのは本当に私自身、非常に興味のある部分でもあります。本当に私がバッハを弾くときは、いかにして自分自身をなくして弾くか、というようなお話も先ほどしましたが、なかなかステージの上で自分をなくすという、自分を追い出すという作業は難しいですね。自分がやっぱり出てきてしまうので、こういうふうに弾きたいとか、こういうふうな表現をしたいという意欲が出てきてしまうと、次の瞬間に弾けなくなるので、難しいですね、バッハはもう生涯難しい曲だと思います。

心が音になって飛んでいきたい！

山岸　これからの千住さんの演奏活動に、今日の皆さんと一緒にエールを送りたいと思います。これからのご自分の人生を展望されて、演奏活動、あるいは取り上げていきたい曲目、ビジョンみたいなものを高らかに語ってください。

千住　なかなか高らかには語れませんが、実は母と一緒にオペラ『ランメルモールのルチア』を観に行ったのですが、その主役の女性の表現というのが非常に胸を打つものがあった。観ているとその女性は、初めから最後まで表現をしていたのではなく、ある段階でスイッチを入れるのですね。

〈自分の心のどこかにスイッチを入れた瞬間に、ふっと心が見えてくる〉、心って見えるのだと、私は非常にびっくりしました（そのショックがまだ抜けないくらい）。その女性は心を入れない瞬間もあって、入れないときというのは風景のようなものを歌っていて……ここぞというアリアのときにスイッチを押して心を入れる。

そうするとたまらなく、メロディーではなく声そのもの、音の中に、いや声そのものの中に芸術的なニュアンスが全部含まれているような。音楽ではなくて、声を出しただけで表現になっている。

〈これが私がヴァイオリンでやりたいことだ〉と思いました。ヴァイオリンでこれができるだろうか？　もはや音符を正しくたどっていくことではない、心があふれているような演奏が！

スイッチを入れてワァーと〈心〉がものすごい勢いで、聴衆に向けて飛び出していくような、こういう音を出せるヴァイオリン弾き。それでいま、考えを新たにしているところなんです。

山岸　そろそろまとめに入りますが、音と音楽、音において音楽をイメージしたり、さまざまな音楽や作曲や演奏においてできるだけ音に耳を澄ましていくということはとても重要だと思います。さきほどの荷風先生のエッセイには、鐘の声とか虫の声という表現があります。虫の音、鐘の音ではなく、声なんですよね。

千住さんが、いまもおっしゃった声と音というモチーフには注目したいと思います。

そしてあるときはものすごくアクティブに、挑戦的に演奏活動を展開し、時には武満さんの音楽を千住さんのヴァイオリン世界において発酵させていっていただきたいと思います。

これは社会学的な問いなのですが、千住さんがステージに出ておいでになるときに、今日はどういう色彩のどういう姿形の衣装を身にまとってヴァイオリンを携えて姿を見せるか、ということは聴衆としてはなかなか重要なんですが、ちょっとお話しください。

千住　これは実はすごく考えていまして、基本的にステージドレスというのは、それが主役になってはいけないと思っているのですね。かといって、何の色もないようなものでもいけない。そのときの雰囲気を出すもの、というふうに考えていて、色というのはそのときの自分の心を映し出すような色であったり、あるいは聴衆の方に感じ取っていただきたいその日の演奏会のテーマであったり、そういったものを実は色に入れ込んでいます。

あとは弾きやすい、ということですね。やはり体操着と同じなので、非常に動きまわって汗だくになって、本当に絞るほどの汗をかきます。これはもう何だかんだ言っていられないほど、とにかく弾ける服ということ。そして動ける服であること、上半身が、肩とかが楽に動けて、そして生地が厚くないものとかね。そういうことに結構気を遣って、服をつくっています。

山岸　人間というのは、ドレスのフォームとか色とか雰囲気に酔いますからね。今後も楽しいドレスを見せてください。それからもう一つ、聴衆は演奏そのものを楽しみにくるわけですが、アンコールの曲についても……。

千住　アンコールはねえ、本当に毎回決めていないのですよ。決めないのが一番いい。下手に決めると、どうなるかというと、今日もしアンコールがあったらこの曲を弾こうね、なんて言っていると、非常に乗りの悪いアンコールになりますので、私は絶対決めない。

最終曲を弾き終わったときに、聴衆の拍手を受けながら、それこそさっきの聴衆からの雰囲気を受け取るというところに結びつくのですが、聴衆がどういう雰囲気かな、そこでどういう雰囲気を私は投げかけたいかなという、やはり対話です。そこで頭の中で選んで、ピアニストに楽譜ある？と聞いて、ある場合は弾くし、ない場合はあるものを聞き出す、という感じですね。

山岸　また雰囲気とか気分という言葉が出てきましたね。こうした言葉は、人間や環境の理解にあたって、深い意味を持ちますね。雰囲気って霧とか香りみたいなものですから。

千住　ええ、そうですね。

山岸　今後、心からうれしくなるような雰囲気の中で、晴れ晴れと演奏活動を展開していってくださいと言ったところで、足で弾く話を、今日の最後になさってください。

千住　いやいや、これはね、もう極秘中の極秘の話なのです。

実は足で弾いている、〈ヴァイオリンの演奏は足なんだ〉ということなのですね。足のどこかというと、親指とか小指のあたりで、私は演奏しています。どういうふうにかというと、例えば非常に速いパッセージを、集中力を持ってばあっと弾きつめるときというのは、足の指というのは非常に助けになる。それで足の指を、右足の親指に体重をかけて弾く、とか、そういうテクニックを実はやっているのですね。

それだけじゃなくて、もちろんいろいろなテクニックが足にもあって、体重を移動させることによって音を放り投げるようなイメージで音を飛ばす、というのがあります。これは左足から右足に体重を移動させることによって、音を向こう側にバーッと飛ばすわけです。そうすると力を使わずに、音が割とシャープに飛んで行く。そんなような、いくつかの方法で、足を使って実は演奏しているんです、ということです。

山岸　私がそれにちょっと言葉を加えさせていただくと、千住さんの足の親指の先か、足の指先には、ものすごいシャープな耳がついているのですよ。足の話は非常に重要ですね。

千住　私は片足で立って弾くときも実はあって、ドレスの下だから何をやっても分からないので……。片足で立って弾くというときも、音の響きを調整するために、次の音と変化をつけるためにそういうふうにやることもあります。身体そのものが振動体になっていることの利点がそのへんにある。

C（男性）　千住さんが「音になりたい」という話を聞いたのですが、その音というのはどんなイメージの音ですか？

千住　出す音が全部、自分がその音の中に入って行きたい、というイメージです。いまの心を入れ込んだ音というのもまさにそれで、心を入れて入れて、入れた暁には自分の心がその音の中に入っているわけだから、自分は音になっているという、そういうイメージで、〈音になりたいな〉

という。

山岸　千住さんがヴァイオリンになってしまうのではなくて、千住さんが最高の音になってしまうというのはとても重要ですね。素晴らしい声になっていただきたいと思います。今日は、皆さんと楽しいひと時を過ごさせていただき、どうもありがとうございます。

千住　山岸先生、素晴らしいご講義をありがとうございました。これで終了いたします。

山岸健（やまぎし・たけし）　社会学者。慶應義塾大学文学部教授、大妻女子大学人間関係学部教授を経て、現在、慶應義塾大学名誉教授、大妻女子大学名誉教授。主な著書『日常生活と旅の社会学』（慶應義塾大学出版会、山岸美穂との共著）、『音の風景とは何か』（ＮＨＫブックス、山岸美穂との共著）、『風の花と日時計　人間学的に』（人文書館、二〇一四年一二月刊）など著書、多数。

V

走るヴァイオリニスト

とにかく、走る！

走る。どんな場所でも走ってしまう。私の癖であり、どうしても直らない。

プラットホームで、空港で、別に乗り遅れそうな訳ではない。十分時間があるのに気がつくと走っている。列車の乗換えのときも、旅行会社がセッティングした乗換え時間が大分余り、早い列車に乗ることになる。そのせいで、改札口にお迎えに来てくださっている方とすれ違い、ご迷惑をかけてしまう。狭い家の中でも、その空間をくぐり抜けるようにして走る。やろうとしていることを忘れる前に、と思う。

演奏会後、サイン会場となるロビーへ向かうときも、ドレスの裾を持ち上げて小走りする。並んでいる聴衆の方々を待たせたくない。サインが終わり楽屋に戻るときも走る。心得ているマネージャーは、私の前をいつも真剣に走っている。馴染《なじ》みの主催者も走ってくれる。知らない主催者は「お急ぎですか？」と必ず慌てる。説明するのもナンなので、とりあえず急いでいることにしておく。

ついでに着替えも速い。ドレスから普段着へ二分もあればすむ。楽屋のドアを勢いよく開けると主催者の方は、ビクッと身体を震わせて驚く。

帰りの列車に向け駅構内を走るため、一本早い列車に乗れる。それはうれしい。常に走っている私は、決してピンヒールの靴を履かない。それどころか五センチ以上高いヒールは履かない。

運動靴が一番走りやすいが、相手に失礼だと思う場面では、やめる。

買い物をするときも、食事に行くときも知らぬ間に走っている。誰かと一緒だと歩調があわないのでなるべく一人で行動する。

一日が終わってベッドに横になるときが、やっと走らないですむ時間なのだ。

私はヴァイオリニスト

二〇一五年で、プロ生活四十年だ。自分でも信じられない気持ちになる。さらに、そうか、私はもうそんな年齢なのかと感慨深く思う。

さまざまな場面で語ってきたが、私は一度大きな挫折を味わっていて、実際に楽器を手放した期間が二年間ほどある。それは二十歳のときだった。ヴァイオリニストであることを生涯やめようと心に決めたのだった。

その理由をいつも聞かれるのだが、一言で説明できるようなシンプルな原因ではない。

十二歳からプロ活動を開始した私にとって、さまざまなストレス、ハプニング、プレッシャー、決断などが私を限界に追いつめた。

総じていうならば、私は自分がヴァイオリニストに向いてない、と感じていた。

何度も何度も、自分がいかに演奏家に向いてないかを、反芻しながら過ごしていたのが十代の終わりくらいだった。

その頃、慶應義塾女子高から大学に進んだ私はささいなことに（恐らくささいなことだと他人は言うのだろう）いちいち悩み、深く傷つき、いつまでも考え込んでしまうことが多かった。

悩みながら、私はある日、自分自身を分析することもあった。

何も悩まず、何も考えないでいられた自分。しかし中学から高校生になり、そして少しずつ大人に近づくにつれ、人は悩むようになる。それまで何の疑問も持たなかったことに大きな懐疑を抱き、物事を分析するようにもなる。多かれ少なかれ。

シンプルな感情だけに留まらなくなり、複雑な感情がいつの間にか生まれて、さらにそんな自分に悩むようにもなるのだ。つまり思春期を通過しながら、人は大人の人間に成長していくということだ。

その過程で、私はずいぶん何度も自分自身を分析した。

果たして自分はどんな人間か!?

その自分が演奏する曲は、どんな人間が書いた曲なのか!?

そんな疑問を常に持ちながらの演奏は、次第に「千住の演奏は哲学的すぎる」と皮肉さえ言われるようになった。

高校時代、常に天才少女と言われるプレッシャーに対しても、私には大きなストレスになった。天才と言われるたび、心のなかで否定した。

「違う。私は天才なんかじゃない。誰よりも努力してここまで来たんだ。本当の自分と世間が見る千住真理子とに、大きなずれが生じている」と。

周りからの誹謗中傷にも、私は弱かった。それらの言葉を真正面からしっかり受け止めてしまうようなタイプの私は、そういう言葉によってどんどん崩れていった。誰かから意地悪されたり、いじめを受けることもあった。そんな出来事に対しても、私は典型的ないじめられっ子になっていったのだ。

大学に進む頃には、私はそんな自分をだいたい分析しつくしていたようだ。

そして「こんな自分は変われない」と結論づけ、荒波のプロの世界で、さまざまな人間的感情が渦巻く音楽業界の中で、しかもトップソリストを張って生きていくには、自分は精神的に見ても弱すぎる、と感じ始めていた。

であるから、大学に入りたての頃の私の演奏は、常に迷い、常に悩み、ステージの上で徐々に自信さえ失っていった。同時に、自分以外の人がどう感じたか、何を考えているか、どんなふうに思ったか……空気を読むようなことが、逆に自分自身をなくしていったようだった。

他人からの憎しみやジェラシー的な感情は、特に敏感に感じ取ってしまう自分がいた。

他人が何を望んでいるか？　それは良いことだけでなく、例えば「この場から消え去れ！」というようなことも鋭敏に感じ、自分自身の居場所さえ、この世の中に無いのではないか、と深く悩んだ。

「ヴァイオリニストをやめる」と母に言ったとき、母は「真理がかわいそうだったね」と泣いた。私も泣いた。母が一緒に歌ったりおどけたりしながら私は楽しくヴァイオリンを練習していたのに。私はヴァイオリンを弾くのが大好きで、母との時間が楽しくて、だから私はヴァイオリニストになりたいと願ってのことだったのに。母を泣かせたことに私は胸が痛んだ。母と二人で冷めたほうじ茶をすすりながら、涙が乾くのを待った、あの夕暮れのリビングを忘れない。

しかし、私は結局、ヴァイオリンが好きで好きでたまらなかったのだ。「ヴァイオリン」は何も悪くないのに、私は「ヴァイオリン」を嫌いになろうと、必死に努力していた。

ヴァイオリンを弾くのが大好きな気持ちは少しも変わらず、いや、離れていた期間がつらかっただけに、なお一層私はヴァイオリンが大切になっていった。ヴァイオリンを弾く喜びや幸福感は何者にも替え難い、と実感できた。

いま再び、私は自分自身に問うことがある。

「自分はヴァイオリニストに向いているかどうか」

プレッシャーも感じるし、ささいなことに悩んだり動揺したりもする。

さまざまな場面を思い巡らせた後、フッと思わず笑みがこぼれる。向いてないかも知れないなあ、と独り言がこぼれた後、「でも私はヴァイオリンを弾くのが好きで、音楽の素晴らしさを人と分かち合いたいんだ」と続けて思う。

悩みは忘れるように心掛け、ストレスは水泳で解消に励む。深く考え込みすぎないよう気を付けて「ヴァイオリンが好きだ」という原点にたち戻るようにする。

そして許してもらえるなら、できるだけ永くヴァイオリニストであり続けたい、と天を仰ぐ。

気合いか自然体か…どっち？

「気合いだ！　気合いだ！」と言う有名スポーツ選手のお父さん、私は大好きだ。

とても一生懸命なのが分かる。私もなんか頑張らないと、という前向きな気持ちにさせてくれるし、日本中が元気になるような気がする。ボーッとして何をするでもなく、ただなんとなくテレビを見ているような若者にはぜひこういう方に、気合いを入れていただきたいものだ、と思ってしまう。

小さい頃、誰か（兄たちか私か）が風邪を引くと、我が千住家では母に「風邪を引くなんて、気合いが足りないのよ!!」と叱り飛ばされたものだ。そう、そのように私たち三兄妹は、母に気合いを入れられて育った。だからかもしれない……気合いという言葉になぜか親しみさえ感じる。

何事をするにも、いざとなったときには気合いを入れればなんとかなりそうな気持ちにもなる。またそれがどれだけ大切なことか、ということも耳にする。

スポーツ選手は特にそんな場面が多そうだ。そして、学生なんかにも、「気合いを入れろ!!」「気合いが足りない!!」と叱り飛ばすシーンがよくある光景だ。

その他、勉強するにも、テストに向かうにも、大切な商談や、ここぞというとき、気合いを入れることをまず考えるのではないか。

演奏するためにステージに上がるときにも、よく「よし！　気合い入れて……」と安易に口にする。

しかし、「気合いって、入れたほうが本当にいいのだろうか？」と、ある日私は考えてみた。もしかしたら、私たちのような音楽家をはじめとして、アーティストやパフォーマーなどさまざまな職業の方々、そのさまざまな場面において、「気合いは入れない方がいいのではないか！」と私は気がついてしまったのだ。

気合いを入れるから、入れすぎるから失敗するのだ。

気合いを入れると、身体にも心にも力が入る。肩にも余計な力が入る。「よし！　持てる力以上のものを出しちゃうぞ」と火事場の馬鹿力を期待しつつ、気持ちもハイテンションになる。気合いを入れて、自分でも想像できないような、それ以上の能力が発揮されることを期待してしまうのだ。

気合いを入れれば、できないはずのことだってできてしまうような魔法にかかり、本人も周りもそのように思い込む。

「気合い」とは、このように、使い方を誤ると大失敗へまっしぐらに突進しかねない曲者だ、と私は思いはじめたのだ。

では「気合い」の反対はなんだろう。私が考えるに「気合い」の反対語は、「自然体」なのではないか。リラックスして普段のように、ごく自然に、肩の力を抜いて、という方向である。

スポーツの場合は種類によっては当てはまらないのかもしれないが、それ以外の場面では大方、当てはまる場合が多いのではないか。

演奏家がステージに立つときだけでなく、会社員のプレゼンの場、大人も子どもも何かを発表するとき、大切な試験や面接など、「気合い」を入れずに、なるべくリラックスした状態で、普段通りの自分をそのままだした方がうまくいく、ということがあるのだ。

刀や竹刀《しない》を持つ人が、その手元は実は力を入れて持ってない、力を抜いてふわりと持っているという。弓道家は、目指すその一点を狙うと的が外れ、逆にそのもっと遠い先の方をなんとなく見て無心に射ると的中するという。まさに「狙えば外れる」のである。

私たち音楽家も、楽器を演奏する場合に、持つ手元はふわりと持つのが一番いい。上半身は脱力状態であり下半身や体幹、丹田《たんでん》に気持ちを集中させる。

先日テニスのドキュメンタリーを見ていたら、錦織圭選手が若い頃、コーチに「力を抜け。そうすれば飛ぶ」と言われていた。テニスや野球などのラケットやバットを持つ手もやはり、脱力状態なのではないか。そこでいきなり、思い切り、ムキになって気合いを入れ過ぎれば、たちまちバランスが崩れてしまう。

だから私は「気合いは入れちゃダメ」と、緊張してムキになってカチンコチンになってる若い人に言ってあげたいが、いやまて、先ずはムキになるほど頑張って自分を限界まで追い込んで、最終手段として〝気合いをも入れてみて欲しい〟とも思う。

無我夢中で努力して、頑張り過ぎるほど頑張った後、「さあやるだけやったんだからあとは力を抜いて」と、言ってあげたい。

縄跳びはキツイ

最近始めたスポーツに、縄跳びがある。正確には久しぶりにやり始めたのだ。

小学校の頃ずいぶん盛んに、クラス皆でやっていた。広尾にある慶應義塾幼稚舎が私の通う小学校だった。

横浜の自宅から東京の広尾まで、当時は電車を二回ほど乗り換えて片道一時間半かかって通っていた。広尾の駅から学校までは走って六〜七分くらいだっただろうか。毎朝早めに学校に着くとすでに早くに来て一生懸命縄跳びをしている友達もいた。

縄跳びが上手な子、なかなかとべない子、みんな上手くなりたくて一生懸命練習する。普通にとぶ以外にも、次第に皆、二重跳びや二重あや跳び、後ろ二重跳びなんかにも挑戦していた。何十回とべたか先生が黒板に書く。皆競って記録回数を上回りたくて頑張った。

学校で配られる縄跳びの縄は本当の縄だったので、とても重たいのだ。とぶのに失敗するたび、バシッと縄が体をムチ打つ。それがなかなか痛くて身体のあちこちにアザができる。しかしそんなアザが消える頃には縄跳びも少し上達しているわけだ。

また、縄跳びの縄は、とび続けているうちに地面に打ち付ける部分が次第にこすれて切れていく。

担任の先生がある日おっしゃった。

「たくさん練習したお友達の縄跳びの縄を皆さん見てください。ほら、こんなに擦り切れてしまって、そろそろ完全に切れてしまいます。切れたお友達は、先生のところに持って来てくださ い。新しい縄をあげます。〇〇ちゃんはもう三本目です！」

私たちは、縄が切れることに憧れた。切れることで私たちは達成感さえ感じて、早く切れるようにと夢中になってとんだものだ。

思い出すのは、当時の自分自身だ。

私は縄跳びの練習とヴァイオリンの練習を、重ね合わせて考えていた。

小学生時代、まだあまり上手くヴァイオリンが弾けてなかった私は、ヴァイオリンが上手く弾けるようになりたいという気持ちも目覚め始めていた。私は縄跳びの縄が切れるイメージの中で、ヴァイオリンの反復練習を始めた。ヴァイオリンの場合もまた、激しい練習が続くと弦が切れたり、弓の毛が切れたりし始める。そのことが、上達の兆しのように感じながら、家に帰ればひたすらヴァイオリンの練習に明け暮れ、翌朝、学校に走って行って縄跳びをする。

それが私の小学生時代の主なテーマになっていた。その縄跳びも、小学校を卒業すると、すっかりやらなくなってしまった。縄跳びをする場所も時間もつくれない。そのうち、縄跳びは子どものすること、大きくなったらやらないもの、みたいな観念が生まれていたような気がする。

さて、この最近、知り合いのスタイリストと話をしていて、どちらともなく縄跳びの話になった。彼女は、大人になって久しぶりに縄跳びをとぼうとしたら、ヘトヘトに疲れて十回もとべなかった、といった。周りにいた皆と「まさか、そんな大袈裟な!!」と大爆笑した。

「嘘じゃない！　本当よ。疑うならやってごらんよ。ホントにとべなくなってるから!!　子どもの時とは違うのよ。私たち、もうそんな体力ないんだから」と、彼女は必死に言っていたので、じゃあ久しぶりにやってみようかな、と思い立ったのである。

一緒にいたマネージャー関口さんは、さっそく私に縄跳びの縄をプレゼントしてくれた。最近のプラスチックの軽いものではなく、あの懐かしい本物の縄を、探してきてくれたのだ。あの雑談の時、私が彼女に「ちゃんとした縄でとんでる？　プラスチックの軽いやつじゃダメよ。やるなら縄でなくちゃ」と言ったのを聞いていてくれたのだ。

手に持つとずっしり重みのある縄、「ああ、これで昔とんでたなぁ」と、感慨深く思い出す。しかし、この縄が切れるには相当とばなければならない。すごかったんだなあ、子どものエネルギーって。

では、と外に持ち出してとんでみた。

「うわあ、疲れる！　これは大変だ」

十回というほどではなかったが、三十回くらいとぶと、縄につまずいた。息も上がってしまい、ハーハーゼーゼーだ。なによりピョンピョン跳べるはずが、ドテンドテンである。こんなに地球の重力は強かったか?と釈然としない。

その後、練習を始め少しずつ増えているが、疲れる度合いはたいして楽にならない。縄跳びをした晩は足がフラフラでガクガクだ。

どうやら、ピョンピョン跳ぶという動作が、大人の人間にとって、難行なのかもしれない。ためしに縄なしで、ただピョンピョンと跳ねてみると、なるほど、やはり「飛び上がる」「ドスンと落ちる」という動作が、体力を使うようだと分かった。

水泳で身体を鍛えていたつもりだったが、これではまだまだダメだ。これからは縄跳びも加えよう、と心に決めた。

ステージには神様も魔物もいる

ヴァイオリニストって、どんなものなのか、インタビューで聞かれることがある。

ステージの上できれいなドレスを身にまとい、優雅なメロディーを奏でる仕事がヴァイオリニスト、となれば、恐らくその生活も人となりも優雅なものに違いないと人は思うのだろうか。(しかしこの本を読んでくださってる方は、現実のあまりのワイルドさに驚かれているに違いない。)

ヴァイオリニストがみんな私みたいだとはいえない。いやむしろ、私はひとり異端かもしれない。あらゆる面で私は人並みの人間らしい生活から、なんだかはぐれてきてしまった。

か、とふと考える時がある。「ヴァイオリン仕様の人間」に変化してきているような気がしてならない。これはどうしたものか、とふと考える時がある。

しかし私はヴァイオリニストだ。二歳三カ月からヴァイオリンを握りしめ、ヴァイオリンが大好きで、ヴァイオリニストになりたくて、ヴァイオリンのことばかりいつも考えてきた。だからこの際「ヴァイオリン仕様の人間」に、ますます進化していくのであれば、私は大歓迎である。こんなふうに生きる「ヴァイオリン人間」も、いてもいいじゃないか、と思う。

さて、そんな私が考える「ヴァイオリニストが生きる場所」つまり「生息場所」は主にステージである。

ステージに立ったとき「ああ、ここに戻って来た！」と安堵さえ感じる。ステージ以外の場所にいるときには、早くステージの上に「帰りたい」と思うし、練習しているときにも、頭の中はステージの上を常にイメージしている。マイホームタウンは舞台上、なのだ。

しかし、そのステージには魔物が住んでいることを私は知っている。私が帰るべきあの場所、ステージ上には、神様と魔物が共存している、決して油断できない恐ろしい場所でもある。とんでもない恐ろしいハプニングが突然起こり得るし、考えられないような奇跡的感動に包まれることもある。演奏者である人間には手に負えない領域であり、その境地に一度入ってしまったら、もはやなす術はない。

そのために、私は、私たち演奏家は、普段から真摯に音楽に向き合い、ひたすら練習し、尊敬する作曲家の作品を深く探索し、さらに音にしていく工程では自分自身の人生をも投影しながら作品に没頭するのだ。そのくらいの気合いがないと、魔物が、食いに来る。

しかし、それだけでは、じつはまだ足りない。

私は、魔物が暴れ出さないために密かにやっていることがある。

それは、「独りきりのステージリハーサル」である。

これをやった方がいいと勧めてくださったのは、恩師江藤俊哉先生だった。

舞台に立つ怖さを人一倍分かってらっしゃった江藤先生は、初めてのうちは、そのステージリハーサルについて来てくださった。つまり「ステージレッスン」である。

朝九時から夜九時まで、まる一日コンサートホールを貸切りにする。そして、先生も楽器を持ち出し、ステージの上に先生と私は向かい合うように立つ。

先生が一音「ブワン」と弾く。そのたった一音が鍵になるのだ。家で練習のとき弾いていた一音と、まるで違う。「音」というものが、身体中から作り出されることを初めて知る瞬間でもあった。

身体をどうやって楽器と同化させるか。自分の骨をどうやって共鳴体にさせるか。さらには楽器と身体とステージの床板を、どのようにしたら一体化させることができるのか。

先生の真似をして、身体中の全神経を、弦と弓の接点である「ある一点」に集中させる。これがなかなかできない。足の先から神経が外に漏れてしまう。すると先生がすかさず「違う!!」と怒鳴る。相当神経を研ぎ澄ませなければできない。

「違う!!」と先生はおっしゃりながら、何回でも「こうだ!!」と――。

「ブワン」と地響きするような音をうならせる。

そんなやり取りが一時間、二時間……と果てしなく続く。お昼ご飯は、母が外から買って来たサンドイッチやおにぎり、それを一五分で食べると再び音を生み出す努力が続くのだった。

夜になり、ステージレッスンが終わる頃には、先生も私も立ち上がれないほどフラフラになって、一声も出ないほどもぬけの殻になってしまったものだ。

今、私はそれを独りで行う。

シーンと静まり返るコンサートホール、客席の照明も一切つけず真っ暗にして、ステージの唯一カ所だけにスポットを当ててもらう。音に集中するためだ。

特に、バッハやイザイの無伴奏全曲の演奏会を行う前は必ず、独りでこのステージリハーサルを行う。魔物を鎮め、音楽の神に祈りを捧げるように、ひたすら音に同化する。次第に自分が人間ではないような錯覚にまで陥っていく。

ステージはもはや私の心の中そのものであり、神聖なるステージは私にとって「心の教会」でもある。

Ⅵ

平和の祈り

「イザイ弾き」と呼ばれたい〜イザイの魅力を多くの人に

イザイという作曲家は、一般にはあまり有名ではない。しかしヴァイオリニストの間では、知らない人はいない。

私はこの「イザイ」を特別な想いで弾いている。弾いているうちにいつも夢中になる。人は自分が好きなものは、誰かに好きになってもらいたいものだ。私はイザイの曲を、一人でも多くの方々に、好きになっていただきたいのである。

音楽の魅力は音楽を聴いていただかなければどうしようもない。しかし、聴いていただくのにも「難しそう」という壁が邪魔をする。

そもそもが食わず嫌いならぬ、聴かず嫌い、ということは、クラシック音楽には頻繁に見受けられることだ。どうしても聴く前から敬遠されがちなのが、このクラシック音楽の弱いところなのだ。

「とにかく聴いてみて」

「なにも考えずに来て聴いて」

と、私はよく取材で話すことがある。

クラシックをあまり聴かない方々からは、クラシック音楽は、クラシックに詳しい人じゃないと楽しめないとか、難しい音楽は分からない、と言われてしまう。

さて、イザイも然り、である。

私としては、「イザイに対しての何の知識も情報も要らないから、とにかく、聴いてみて！」と強く思う。

その最大の魅力は、流れ出る感情にある。

人間のさまざまな感情、それはただ単に、うれしいとか悲しいとか、または怒りや嘆き……、それだけにとどまらない。繊細な情感、揺れ動く心、ジェラシーや虚しさ、はかなさ、時に神を賛美し、時に神を恨むような絶望感等々、自分自身でも把握しきれていないような、人間の持つ複雑な心のひだを、イザイはほとんどすべて、くまなくさらけ出す。

イザイを弾いたり聴いたりしているうちに、「あぁ、これこそが人間なのだ」と改めて気付かされるような、衝撃的な感動がある。

イザイの音楽世界に入ったとき、自分がいま人間として生きているんだと、妙に感慨深く実感してしまうのだ。だからイザイを、聴いてみて欲しい。

私の聴いてみていただきたい曲は特に無伴奏曲である。イザイは無伴奏で弾く「ヴァイオリン・ソナタ」を六曲書いているが、一曲ずつの個性がかなり違うことにも驚く。まるでまったく別人が書いたほど異なる。

この六面性を持ってしてもまだ語り尽くせぬイザイの世界があることを予感させる。

その六曲は、また、六人の「当時、活躍していた名ヴァイオリニスト」に捧げてある。

国もジェネレーションもまったく異なる六人のヴァイオリニスト、その人物に似合う曲になっているところがまた面白い。

そして、イザイの作品は、演奏するには確かに難しい曲だ。たくさんのテクニックを使い、たくさんの工夫をしながら、表現していかなければならない。弾くのが難しいので、なかなかコンサートには、そんなに頻繁には取り上げられない曲になってしまっている。

「弾くのが難しい」が、「聴くのは難しくない」のが、イザイの特徴だ。

もっと正確に言うなら、「聴き手に難しい曲だと思わせてはいけない」のが、この曲の最大のポイントなのだ。「難しくない曲」のようにイザイが弾けたら、もっともっとたくさんの方々に、イザイを愛していただけるだろう。

難曲である壁を越えて、無我の境地でイザイを表現できたなら、この曲の素晴らしさを、もっと多くの方々とともに味わえるはずだ。

私にとって魅力的にそびえ立つ「イザイの山」。この山を登りきりたい、この山を制覇したい、この山を知り尽くしたい……。

イザイに対する熱い想いは、年々増すばかりであり、私は果たして自分の命が尽きるまでに、このイザイの魅力を一人でも多くの方々に聴いていただくことができるだろうか。

自分に対する期待と不安に、胸が高鳴るのだ。

その一曲ずつに今、焦点をあててみたい。

まず、イザイの無伴奏ソナタ第一番、これは名ヴァイオリニストのシゲティに捧げられている。

全四楽章からなるこのソナタの一番の聴きどころは、第三楽章である。こんなにやさしいデリケートな表現は、まさに無伴奏でしかできない。クラシック音楽というジャンルにとらわれないで聴いていただければ、この楽章の歌（メロディー）の素晴らしさが素直に染みてくるのではないか、と思う。

個人的な感覚を言ってしまえば、私はこの楽章を弾くたびに、いつも必ず懐かしい今は亡き祖母の姿を思いおこす。そう、これは祖母のやさしさだ、と感じる。やわらかな日だまりの中、フワリと包んでくれるぬくもりが祖母の存在だったのだと思う。もう二度と会うことのできない愛する人が、次々に顔を出す。母であり、父であり、祖父であり、愛犬リリーまでもが、私にとってかけがいのない家族なのだった。

第一楽章の厳しく悲しい和音は暗くやるせないし、第二楽章の切ないフーガのメロディーと第四楽章の激しい怒り、そのどれもが、実は第三楽章のやさしさを物語るために散りばめられたステージだと思うと、人生そのもののような気がしてくるのだ。

ソナタ第二番がまた、しゃれている。ティボーというこれまた歴史に名を残す名ヴァイオリニストに捧げられた一曲となっているが、まさにティボーらしいフランス風の音がする。

冒頭の弾き初め、たいてい人は「あれっ!?」と首をかしげて聴く。なぜなら、バッハの無伴奏パルティータ第三番の冒頭そのまま2小節が弾かれるからだ。「あれっ!?」と思っていると、すぐにまったく違う音が出てくる。そして、そんなふうに所々にバッハの無伴奏パルティータ第三番のプレリュードが、顔を出したり引っこめたりしながら、音楽が流れていく。

もう一つ、実はグレゴリオ聖歌「怒りの日」のテーマも使われていて、隠し絵のように細かく散りばめられているのが面白い。

そんな第一楽章が終わると、寂しげな第二楽章、あの世がふわりふわりと出てくる第三楽章（タイトルも「亡霊たちの踊り」となっている）、小気味よい終楽章でスカッとして終わるのだ。

さて、ソナタ第三番はエネスコに捧げられた「バラード」であり、イザイのソナタの中で最も人気のある一曲だ。

生命の誕生をイメージさせるような始まり方から、エネルギーが次第に満ち満ちて、さまざまな形に変化していくような、いわば映像的音楽と言いたくなるバラードだ。

ヴァイオリンという楽器を知り尽くした作曲家でなければ創造できないような美しい世界が次々に展開されていく。

ソナタ第四番は、かのクライスラーに捧げられている。イザイはクライスラーと仲が良かったらしく、クライスラーも実は、無伴奏曲『レチタティーヴォとスケルツォ』という名曲をイザイに捧げている。

そんな、このイザイのソナタ第四番、「魂の叫び」と私はサブタイトルを付けたい。それは、必ずしも大声で叫んでいることを指しているのではない。独り言のようなつぶやく魂の声、それもまた〝やるせない想いを告白する〟という意味で、「魂の叫び」なのである。

第二楽章のピチカート（弦を指ではじいて音を出す）から始まる、まさに「祈り」そのもののような荘重な舞曲《サラバンド》、これが泣けてくる。単純な四つの音からなる音階は「ソ、ファ、ミ、ラ」から始まり、さらにその繰り返しに乗せて語られていく悲しみの祈り、のようだ。

さてソナタ第五番は、クリックボームというヴァイオリニストに捧げられた曲で、「オーロラ」

を表現するソナタが始まる。音でつくり出すオーロラは、本物のオーロラにどこまで近づけることができるか、ヴァイオリニストのテクニックにもその成果がかかわってくる。

二つの楽章からなるこのソナタは、全体的にオーロラが常に背景にあるため、音を美しく流れるように揺れ動かすのがポイントであり、それがうまくできれば、音によるオーロラが〝見えてくる〟のだ。

最後の第六番、スペイン風の激しい感情がそのままヴァイオリンテクニックにも求められているこの曲は、スペインのヴァイオリニスト、キロガに捧げられている。

難しいテクニックを鮮やかにこなすことができれば、この曲は聴き手も弾き手も楽しめる高度な曲だ。

こんなふうに書いてきたが、私自身書きながら弾いている気になって、ヘトヘトになってしまった。体力的にはヘトヘトになるが、しかし精神的には実に充実した満足感が得られる、それがイザイの作品なのだ。

時空を超えた〝バッハの祈り〟

バッハを人前で弾けなくなり始めたのは十五〜六歳のときだ。

「その時」までの私は、バッハに夢中になり、練習に練習を重ねて、むしろ得意な曲と位置付けていた記憶がある。

十五歳のその夏に、私は日本音楽コンクールに最年少にて出場資格を得て第一次予選に臨んだ。その課題曲のひとつにバッハの無伴奏があった。

師である江藤俊哉先生のレッスンはすさまじく恐ろしかった。十五歳の最年少で出たいといい出した私は叱咤された。

「十二歳ですでにプロデビューしてしまった貴女が、コンクールに出るんだったら、プロらしく、優勝するしかありませんよ。落ちたらみっともない。審査員の反感も買うかもしれないし楽なことではない、さあ、大変だ」

週に二回から三回のレッスンは二時間弾きっぱなしで、さまざまな曲を次から次へと弾いていく。バッハもまたその中の一曲として弾いていた。出場する人たちはたいていが音楽専門学校の学生で、バッハなどは何度かすでに人前で弾いているような方々ばかりだった。

私は生まれて初めて目にするバッハの楽譜にしばしあぜんとした。無伴奏ソナタ二番の「フーガ」は、幾何学的な譜面は音符が緻密に絡み合っていて構築されていく建造物のようだ。

くる日もくる日も「フーガ」を奏で、フーガに苦しみ、フーガに泣いた。中学三年だった私はその祈りの境地が測りかねた。母は巡礼者の話を私にしてくれた。

「一歩一歩、歩を進めながらこうやって祈るのよ」と、説明しながら部屋の中をうろうろ歩き回る母の姿、夕暮れの寂しい陽の色が母の横顔を照らしていた。

本番の前日に江藤俊哉先生のレッスンに行った日のことは忘れることができない。

限界まで練習してきた私としては多少の自信があった。しかし、弾き終わるや否や、机の前に座って聴いていた江藤先生は、顔を机の上に置かれた手帳におとしたままこんなふうにおっしゃった。

「貴女、明日、落ちますよ」

「えっ……？」

声にならない声で、私は先生の顔を見た。

少しも笑わず、先生はまたおっしゃった。

「そんな演奏したって、貴女よりうまい人はたくさんいるから、落ちますよ」

そう言われてどんなリアクションをすればよいのか分かるはずもなく、「はい」となぜか私は半笑いしながら頷いた。先生の意図を図りかねた私は頭の中がぐるぐる回って吐きそうだった。

母をチラッとみた。頬を赤らめ、きつく結んだ口許に悔しさがにじんでいた。

レッスンの帰り道、いつものように母の運転する車に乗り、帰路につく。どっぷりと日がくれた道は、家路を急ぐ人々の車で渋滞になっている。混雑にちっとも進まない車の列につながりながら、イライラする気持ちさえ失せ、車内で一言も発しないのは私も母も同じだった。

ゆっくり身を起こし、バッグの中からテープレコーダーを取り出す。今弾いた自分のバッハの演奏を聴いてみたい……、再生を押す手が力なく震えているのに気がついた。

ボリュームを上げ、聴こえてくる音に私たちは傾聴した。車は相変わらず大渋滞の列にはまったまま動かないため、逆に静かに音が聴ける。

そんなに悪くない。一音一音確かめるように音を手繰り寄せる。整然と規律された音符が立体的に構築されている。しかし、確かに江藤先生は厳しい表情で「落ちますよ」とおっしゃった。

これでは、だから、ダメなんだ……。

家に着いてから、私は床にペタンと座ったまま、バッハをゆっくり弾き始めた。まるで小学生のように、まるで初めて楽譜を見るように、まるで一音ずつ手にとって調べるように。

翌日、青ざめた顔でステージに出た。

コンクール第一予選では拍手はない。

静まり返った聴衆。頭を下げてお辞儀をした後、楽器を構えると、「コホンッ」と大きな咳払いが聞こえた。江藤俊哉先生の聞き覚えのあるいつもの咳払いだった。

〈しっかり弾きなさい〉、そんなふうに言われたような気がした私は瞬時に集中のスイッチが入った。

そして自分の信じるバッハをただ淡々と弾くしかなかった。

審査員は口々に驚いたという。

「あのコドモはなにもの!?　あんな顔色悪いのに大人みたいなバッハを弾いた」

即日、審査員の中のお一人が、ある音楽専門雑誌に私のことを書いた事が、騒ぎになった。その方は、あろうことか「まだ第一予選の段階で書くべきではないが」と前置きのあと「千住のバッハ」について、「私は天才をみた」と記述した。このことが論議を呼び、変な騒ぎになってしまったのだ。

果たして私は第二予選も通過し、本選会でドヴォルザークのコンチェルトを弾いて優勝を果たした。

しかし、私はもうそのすぐ後くらいから人前でバッハが弾けなくなったのだ。

「千住のバッハ」と騒がれ過ぎた私のバッハを、人々は聴きに来て、食い入るような目で見る。

「天才のバッハだって!?　どんなバッハを千住は弾くのか!?　たいしたことないじゃないか」などと興味津々の聴衆の空気に、私は耐えられなくなっていった。


「私はもうバッハを弾かない」。そう断言して私が人前でバッハを弾かなくなってから、十二、三年経った頃のことだった。三十歳を前にして、「私はこのままバッハを弾かずに一生終わるのだろうか」と心の中にわだかまりを感じ始めていた。


デビュー二十周年を皮切りにして、私は意を決してバッハに再び挑もうと思いたった。そのことを何よりも喜んだ母は、私がバッハを練習し始めると、いつも部屋の片隅に椅子を置いてじっと下を向いて座って聴いていた。

バッハ全六曲、三つの「ソナタ」と三つの「パルティータ」は弾きっぱなしで二時間を超える。体力的にも精神的にも自分との戦いを余儀なく強いた。

自分の限界を知るたび、自分自身が見える。

それは神との対話であり、懺悔《ざんげ》にも似た自白でもある。

デビュー二十周年から始めたバッハ全曲一晩演奏会は、その後五年ごとに行っている。

たやすいことではないし、厳しく過酷な練習期間を必要とする。なぜ私はそんなことをし続けるのだろう。


バッハという、高く厳しくそびえ立つ山――。

しかし、音楽家なら、ヴァイオリニストなら、しかもそんな楽器をして芸術の道を探究したいなら、この山を登らなければならない。一歩ずつでも、休みながらでも、途中までしか登ることができなくても、遭難しそうになりながらでも、諦めてはいけない。

ある日の私は、やむにやまれぬ思いで、そういうことを考え、自らの心に決断したのだ。

「バッハの無伴奏曲全六曲を生涯弾き続けよう」と。

登り始めた山は、離れて見ていた時は美しくて荘厳なる憧れの山であったが、登り始めると想像以上にキツイことが分かった。

「いやぁ……、これはムリかも……」

何度、そう思ったことか。

「やっぱりやめておこうか？　自分で自分の首を絞めるようなことは……」

そんなふうに悩みながらでも、しかし私は自分自身を裏切ることはできなかった。

「一日一歩、それでもいい。登ってみよう」

自分に言い聞かせるようにして、私はその日から自らとの葛藤が始まった。そんな私を陰で応援してくれたのが母だった。どんなふうに励ましてくれたか、といえば、母は常に、バッハの魅力を語った。

「シャコンヌの世界は宇宙そのものよ。宇宙の呼吸が私には聴こえる。あなたにはそれが聴こえないの!?」

「あぁ、そうか……！」と、改めて「シャコンヌ」と向き合えば、母が感動してやまない大きな大きな存在の息吹が、リズムに重なって聴こえるような気がする。

「母はスゴイなぁ」と、密かに脱帽する瞬間でもあるのだ。

ある日、母はこう言った。

「マリコ、私が死ぬとき最期にこのバッハを弾いて聴かせてほしいわ」

「分かったよ」

そう答えたのに、私は母の最期にバッハを耳元で弾いて聴かせることはできなかった。ただただ、独りの時、苦しむ母を心で思いながら自分の部屋の片隅でバッハを弾き続けた。私にとって本当の祈り、切実なる祈りだった。

「神様、母を苦しみから救ってください。

神様、あの激痛をどうか取ってください。

やすらかな、平和な時間を母に与えてください」

祈りながら弾くバッハ……、そうだ！　私は確かに昔からバッハが祈りの曲だということは知っていた。十分に分かって、さまざま祈りを想いつつバッハを弾いていた。

しかし今、ここにきて、現実的な祈りがバッハに込められていく。

バッハは、その祈りを、この苦しみを、願いをすべて吸収してくれるんだ。

吸収した私の想いは、音になり空間に散る。

音に細胞があるのなら、そのすべての細胞に祈りが込められ、バッハは空中に浮かび宇宙へと繋がっていく。だから、バッハは切なる願いの曲、果てしない祈りの曲――。

母に聴かせることができなかった最期の数日間、しかし私はバッハの中で祈りをやめなかった。その音が、きっと病院のベッドに伏す母に届いているに違いないと願いながら……。

さて現在《いま》、私がバッハを弾くとき、想うことがある。それは、「バッハは、時空を超えて――」ということだ。空間も超えて、時間も超えて、バッハはどこまでも響いていく。だから現在弾く音は、二年前に激痛に苦しみ続けていた母の魂に届くのだ、と信じる。

そう、今弾く音は昔へ届くのだ。

ここで弾く音は、あそこへ届くのだ。

地球上のどの場所へも、届く。

いつの時代へも、届く。


それが、バッハの時空を超えた祈り、なのだ。


母を二年前に亡くして初めてのバッハ全曲は、個人的には深い意味を持つ。母と共に苦しんできたバッハに、今私は独りになって挑む。

この命がある限り、私は今生でバッハに導かれながら生きていくのに違いない。

苦しみを喜びに変えながら、神への賛美を音にしながら、バッハに導かれるのだろう。

そして苦悩や悲哀の中に突如として感動を得たとき、生きることの素晴らしさを知るのだと思う。

あとがき

子どもの頃には「疲れ知らず」だったなあと、いましみじみ思う。十二時間練習したって、筋肉痛はあったものの疲れた感じはしなかった。

なんといってもデビュー四十周年だ。今更年齢を隠してもしかたないからはっきり書くが、十二歳の一月にデビューした私は四月生まれであり、つまり……そういう年齢なのだ。

いつまでもステージで弾き続けたい。これが今の私の目標である。

見た目に関しては、「昔と変わりませんね」とか「お若いですね」云々お世辞を言われると恥ずかしくてしかたない。苦笑いするしかない。むしろそんなふうに言われたくない。年相応に歳をとりたい、と思う。たまに見かける素敵な中年、老年の女性、「こんなふうに年齢が魅力的に思えるような歳のとり方をしたい」と感じる。「若作り」ではなく、年齢に合ったしっくり落ち着いたたたずまいを目指したい。

さて、弾き続けるために、問題は体力だ。

九十歳過ぎても大変お元気な方をテレビで拝見することがある。食生活をうかがうと肉を食べて生卵を欠かさず、水泳で一キロ以上泳ぐ、であった。

その姿に私は感化された結果、今、私も時間があればとにかく泳ぎ、その帰りに立ち食いのステーキを二、三〇〇グラム、朝には生卵と野菜ジュースを飲むことにしている。

何のためかといえば当然、弾き続けたいがためであり、それも心身共に健康な状態でデュランティ（我が愛器であり相棒）と対話し続けたいからである。

デュランティを弾いていると、私は私ではなくなる。私とデュランティとの境がなくなり、私はいつのまにか自分が音に化しているような気になってくる。

デュランティはそれほどまでに底知れぬ魅力を秘めていて、デュランティを見るたび、触るたび、奏でるたび、

〈人間に生まれてきて良かった〉

〈ヴァイオリニストになって良かった〉

〈デュランティと巡り合えて良かった〉

とつくづく神に感謝する。

このデビュー四十周年、無伴奏とコンチェルトで埋めつくしながら年末にはバッハ無伴奏全曲演奏会で締めくくるわけだが、実は次の年、そう、二〇一六年はデュランティ三〇〇歳のバースデーイヤーなのである。いってみれば、私のデビュー四十周年など、デュランティに比べたらどうってことない歳月に感じてしまう。

二〇一六年デュランティのために何をするか、まだ頭の中は白紙だが、何もしないわけにはいかない。こんなに区切りのいいバースデーイヤーは、今度はあと一〇〇年経たないとやって来ないのだから！

クラシックファンの皆様の「粋なアイデア」を教えてくださるとうれしいです！

千住真理子、ますますがんばります！

最後になりましたが、今回も大変緻密な作業で私を助けてくださった吉岡袈裟喜さんに心から感謝申し上げる次第です。

また時事通信出版局の舟川修一さん、新井晶子さんほか皆様にもお礼申し上げます。

二〇一五年　初夏

千住真理子

【初出】

・音に命あり（Ⅰ同名）…被災地に「日本のうた」を／堕ちるだけ堕ちてごらん／生卵３個・演奏のチカラ／芸術を蝕む税関押収／愛器を弾くたび拉致思う／被災地にクライスラーの夢（『産経新聞』二〇一二年四月二〇日〜一二月二一日）

・あすへの話題（Ⅱカルチャー・ウオッチ！）…走る／宅配便／携帯電話／高温多湿／船上のバイオリン弾き／90代の巨匠／泳ぐ／野菜ジュース／待てない／笑顔／考えない／レコーディング／哀愁のサンタ等二六回連載（『日本経済新聞』（夕刊）二〇一三年七月五日〜一二月二七日）

・コンシェルジュ・ＢＯＯＫ　私をつくった本たち（『婦人画報』二〇〇九年四月号、ハースト婦人画報社）

・慶應丸の内シティキャンパス（慶應ＭＣＣ）agoraにおける千住真理子の全七回講座「クラシック音楽を１００倍楽しもう」のうち、第一回「多彩な演奏を楽しむ」（二〇一一年五月一〇日）、第二回「楽器の魅力を味わう」（五月二四日）、第三回「音響の科学と音作り」（五月三一日）、第四回「心で奏でる音楽」（六月一七日）掲載。（第五回「スタイルの醍醐味」、第六回「みんなで作るコンサート・プログラム」、第七回「コンサートへ行こう！」）

※本書への転載にさいして、加筆・改題されています。

千住真理子（せんじゅ・まりこ）

2歳半よりヴァイオリンを始める。全日本学生音楽コンクール小学生の部全国1位。NHK交響楽団と共演し12歳でデビュー。日本音楽コンクールに最年少15歳で優勝、レウカディア賞受賞。パガニーニ国際コンクールに最年少で入賞。慶應義塾大学卒業後、指揮者故ジュゼッペ・シノーポリに認められ、87年ロンドン、88年ローマデビュー。国内外での活躍はもちろん、文化大使派遣演奏家としてブラジル、チリ、ウルグアイ等で演奏会を行う。また、チャリティーコンサート等、社会活動にも関心を寄せている。

1993年文化庁「芸術作品賞」、1994年度村松賞、1995年モービル音楽賞奨励賞各賞受賞。1999年2月、ニューヨーク・カーネギーホールのウェイル・リサイタルホールにて、ソロ・リサイタルを開き、大成功を収める。2002年秋、ストラディヴァリウス「デュランティ」との運命的な出会いを果たし、話題となる。2014年はハンガリー国立フィルハーモニー管弦楽団とのツアーを行い、好評を博した。

コンサート活動以外にも、講演会やNHK-FM「DJクラシック〜恋するバイオリン」、NHK-AM「ラジオ深夜便」のパーソナリティを務めるなど、多岐にわたり活躍。著書は『聞いて、ヴァイオリンの詩』（時事通信社、のちに文春文庫）、『歌って、ヴァイオリンの詩2』、『母と娘の協奏曲』（以上時事通信社）、『命の往復書簡2011〜2013』（文藝春秋）、『ヴァイオリニスト　20の哲学』（ヤマハミュージックメディア）など多数。

2014年12月『ベストアルバム』、2015年はデビュー40周年を迎え、1月にイザイ無伴奏ソナタ全曲『心の叫び』、2月にはバッハ無伴奏ソナタ＆パルティータ全曲『平和への祈り』をリリース、両作品ともレコード芸術誌の特選盤に選ばれた。また各地で40周年記念公演を行う。

ヴァイオリニストは音《おと》になる

2015年8月1日　初版第1刷発行

著　　者　千住真理子
発 行 者　松永　努
発 行 所　株式会社 時事通信出版局
発　　売　株式会社 時事通信社
東京都中央区銀座5-15-8　〒104-8178
電話　03(5565)2155　http://book.jiji.com
印刷・製本　株式会社 太平印刷社

ISBN978-4-7887-1416-8 C0095
Printed in Japan 2015
定価はカバーに表示してあります。

時事通信社・音楽の本

聞いて、ヴァイオリンの詩
千住真理子

天才と言われたヴァイオリニストにも挫折があった。演奏を聴いたホスピスの「生きていたよかった」の言葉に救われる。繊細な筆致で描く魂の詩！

●四六判／２５２頁　本体１６００円＋税

歌って、ヴァイオリンの詩2
千住真理子

心に広がる音楽の世界に生きることが最大の喜びというヴァイオリニスト・千住真理子。愛器「デュランティ」との出会い、音楽の心理療法、キャスター時代の音楽紀行等、著者の自画像をさわやかに描く。

●四六判／２７２頁　本体１６００円＋税

フルート、天使の歌
山形由美

フルートに出会った少女時代、イギリスでの演奏法修行、世界的フルート奏者ゴールウェイからの教えなど、笑いと涙のフルート人生をさわやかにつづるエッセイ集。

●四六判／２７２頁　本体１７００円＋税

音楽の扉
千住明

ポップス、映像音楽、現代音楽と幅広い活躍をする作曲家の創造のルーツを追う。音楽の扉、人生の扉を開くメッセージ！

●四六判／２１２頁　本体１６００円＋税

サティ弾きの休日
島田璃里

19世紀末、モンマルトルの丘を山高帽にステッキのサティが行く。コクトーもピカソも、ヴァラドンも……。エリック・サティの音楽に魅せられたピアニストの珠玉のエッセイ集。

●四六判／２５６頁　本体１８００円＋税

時事通信社・音楽の本

黄金のフルートをもつ男

ジェームズ・ゴールウェイ
高月園子訳

ベルファストの少年はパリ音楽院からベルリン・フィルへ、そして世界で愛されるソリストに。「カラヤンを振った男」の真実、ロストロポーヴィチやマンシーニとの友情秘話、威風堂々の金のフルートで人々を魅了する男の自叙伝。
●四六判／332頁　本体2500円＋税

NYアトリエ日記

千住博

余白の美と一輪の花！朝六時半にアトリエに入り、十五、六時間描く。アートの直島、羽田空港、大徳寺聚光院襖絵プロジェクトの創作の喜びと格闘の日々。［カラー作品収録36頁］
●四六判／224頁　本体1800円＋税

サクソフォーンは歌う！

須川展也

中学生の時、ビゼー『アルルの女』を聴いて、「天から降ってくるような透明な美しい音」のクラシカル・サクソフォーンをもっと広めたいと思ってから30数年、全身全霊で疾走して来た「青春記」。
●四六判／264頁　本体2200円＋税